Stefan Merath

Der Weg zum erfolgreichen Franchisegeber

Wie Sie die magische Hürde von 25 Franchisepartnern überwinden

Für meine Patentochter Felicia

Zu diesem Buch:

Peter Brenner arbeitet 16 Stunden pro Tag und sieben Tage pro Woche. Trotzdem ist sein Franchisesystem 'Der Weinkenner' in die Schieflage geraten und steht vor dem Aus. Da trifft er ein Frankfurt einen Unternehmercoach, der sein Denken und Handeln gründlich auf den Kopf stellt. Peter Brenner rettet damit nicht nur sein Franchisesystem, sondern findet auch für sich selbst eine sinnvolle Perspektive und eine Art zu arbeiten, die ihn glücklich macht.

Stefan Merath, geboren 1964. Sieben Jahre Studium der Philosophie und Diplom-Soziologe. Seit 1997 Unternehmer. Gründer und Geschäftsführer der SI Projects GmbH. Diese entwickelt und betreibt gegen das Systemflattern der meisten Franchisesysteme die Lösung ‚Franchise-Cockpit', ein Steuerungssystem für Franchisesysteme, das technische Lösung mit unternehmerischer Unterstützung kombiniert. Daneben ist Stefan Merath als Experte beim franchise-portal und als Referent beim Deutschen Franchise Institut tätig. Seit 2004 arbeitet er außerdem als Coach für Unternehmer. (www.unternehmercoach.com). Hauptanliegen: Erfolgreiche, Sinn stiftende, sinnvolle und Flow fördernde Unternehmen aufzubauen, Unternehmer mit diesem Ziel zu coachen und/oder den Aufbau solcher Unternehmen zu fördern. Für Ihr Feedback erreichen Sie Stefan Merath unter s.merath@si-projects.com oder s.merath@unternehmercoach.com.

Stefan Merath

Der Weg zum erfolgreichen Franchisegeber

Wie Sie die magische Hürde von 25 Franchisepartnern überwinden

Bibliografische Information der Deutschen Bibliothek
Die Deutsche Bibliothek verzeichnet diese Publikation
in der Deutschen Nationalbibliografie; detaillierte bibliografische Daten
sind im Internet über http://dnb.ddb.de abrufbar.

Stefan Merath
Der Weg zum erfolgreichen Franchisegeber
Wie sie die magische Hürde von 25 Franchisepartnern überwinden

Berlin: Pro BUSINESS 2006

ISBN 3-939000-79-5
ISBN 978-3-939000-79-2

1. Auflage 2006

Produktion und Herstellung: Pro BUSINESS GmbH
Gedruckt auf alterungsbeständigem Papier
Printed in Germany

www.book-on-demand.de

Redaktion: Elfie Rembold, Anja Frey

Satz, Layout und Umschlaggestaltung: Anja Frey

Inhaltsverzeichnis

Inhaltsverzeichnis **7**

Vorwort **8**

Erstes Treffen in Frankfurt **13**

Die Situation 13

Platz schaffen 16

Workshop – Der erste Tag **27**

Fachkraft – Manager – Unternehmer 27

Arbeit AM statt IM Unternehmen 42

Der Zweck eines Unternehmens 44

Die Kunden des Franchisesystems 48

Was sind Ihre Stärken? 52

Was sind Ihre Werte? 55

Workshop – Der zweite Tag **64**

Was sind Ihre Ziele? 64

Ein anderer Blick auf Werte 71

Werte: Kunde Eins 76

Werte: Kunde Zwei 80

Werte: Kunde Drei 86

Systeme schaffen 94

Die Umsetzung 103

Epilog **108**

Danksagung **111**

SI Projects GmbH **112**

Literatur **113**

Adressen **114**

Vorwort

Derzeit gibt es im deutschsprachigen Raum rund 900 Franchisesysteme. Gemessen an den Wachstumszahlen ist Franchising eine Erfolgsstory. Zuwächse von jährlich sechs bis acht Prozent– und zwar kontinuierlich seit 1996 – können nur wenige Wirtschaftszweige nachweisen. Aktuell setzen die 900 Franchisesysteme rund 24 Milliarden. Euro um und beschäftigen rund 400.000 Mitarbeiter. Damit ist Franchising eine ernsthafte Größe in der Wirtschaft. Nicht zuletzt vor diesem Hintergrund hat sich der Deutsche Franchiseverband das Ziel gesetzt, in den nächsten fünf Jahren 200.000 neue Arbeitsplätze zu schaffen.

Franchising hat auch für viele Unternehmensgründer unbestreitbare Vorteile. Bei normalen Unternehmensgründungen existieren nach fünf Jahren nur noch 10 bis 20 Prozent der Unternehmen. Die anderen haben aufgegeben, sich mit weiteren zusammengeschlossen oder Insolvenz angemeldet. Bei Franchisenehmern überleben immerhin rund 80 Prozent der Unternehmen die ersten fünf Jahre.

Allerdings muss man hier zwei Einschränkungen machen. Erstens ist nicht jeder potenzielle Unternehmer auch als Franchisenehmer geeignet. Die Tätigkeit als Franchisenehmer setzt eine gewisse Systemkonformität voraus. Ein Franchisenehmer bei McDonalds kann nicht Döner Kebap verkaufen, auch dann nicht, wenn er in Berlin-Kreuzberg oder in Istanbul niedergelassen ist. Die unternehmerische Freiheit ist also eingeschränkt. Damit kommt nicht jeder potenzielle Unternehmer klar. Andererseits wird der Franchisenehmer auch vor seiner eigenen unternehmerischen Freiheit oder vor seinen strategischen Schwächen geschützt und so oft genug daran gehindert, irgendwelche unrealistischen Ideen zu verfolgen.

Zweitens gilt diese Sicherheit in Bezug auf die Entwicklung des eigenen Franchisebetriebs nur für die am Markt etablierten Systeme. Mein Unternehmen *SI Projects GmbH* hat in den letzten Monaten mit Mitarbeitern und Unternehmern von rund 500 Franchisesystemen gesprochen, deren Adressen im Jahr 2005 in einem Franchise-Adressverzeichnis veröffentlicht wurden. Dabei ergab sich hochgerechnet, dass von den 900 Systemen nur zwischen 700 und 750 überhaupt noch Franchiseunternehmen sind. Die anderen hatten innerhalb der kurzen Zeit von Publikation des Adressverzeichnisses bis zu unseren Telefonaten das Franchising aufgegeben oder auf ein Partnermodell umgestellt oder waren überhaupt nicht mehr am Markt vertreten. D.h. die höhere Wahrscheinlichkeit des Überlebens der einzelnen Franchisepartner ergibt sich vor allem durch die Stabilität einiger großer Systeme. Eine Menge kleinerer Systeme bieten diese Stabilität (noch) nicht.

Nach Schätzungen von Franchisespezialisten kann man davon ausgehen, dass rund 250 der 900 Systeme wirklich gut funktionierende Systeme sind. Weitere 400 haben gute Chancen, zum Erfolg zu gelangen und die verbleibenden 250 Systeme werden nicht überleben. Wenn man die Rate des Aufgebens der Unternehmen also nicht nach der Anzahl der Franchisenehmer misst, sondern nach der Anzahl der Franchisesysteme, dann stellt sich der Vorteil der größeren Existenzsicherheit als Franchiseunternehmen nicht mehr so attraktiv dar. Dies liegt schlicht daran, dass die etablierten 250 Systeme wesentlich mehr Franchisenehmer haben als die anderen und folglich in der Statistik einen größeren Raum einnehmen.

In der Tat kann man feststellen, dass es eine ‚magische' Grenze bei der Anzahl der Franchisepartner gibt. Diese liegt je nach Branche und Größe eines einzelnen Betriebs bei rund 25 Franchisenehmern. Die wirklich erfolgreichen Systeme liegen faktisch alle oberhalb dieser Grenze und die (noch) nicht so erfolgreichen liegen oft darunter. Offensichtlich stellt diese Zahl eine Art Schallmauer dar, die auch von renommierten Franchise-Experten, die seit 30 Jahren Franchisesysteme mit aufbauen, bestätigt wird.

Dieses Booklet geht der Frage nach, wodurch sich diese Grenze ergibt. Was kann der Unternehmer, der eine Franchisezentrale aufbaut oder aufbauen möchte, anders machen, um diese Hürde reibungsloser zu nehmen? Das Booklet richtet sich also an drei Gruppen. Zuerst an die 400 Unternehmer, die eine gute Chance haben, ein erfolgreiches Franchisesystem aufzubauen. Dann an die 250 Unternehmer, die normalerweise keine Chance hätten und so in die Gruppe der 400 mit einer guten Chance aufrücken können. Schließlich an all die Unternehmer, die mit dem Gedanken spielen, ein Franchisesystem zu gründen.

Einige Franchisesysteme werden gegründet, indem Masterfranchisenehmer die Systeme aus anderen Ländern, vor allem aus den USA übertragen. Weitere Systeme werden von größeren Konzernen gegründet, um sich einen zusätzlichen Vertriebskanal zu erschließen. Diese beiden Gruppen haben in der Regel gute Berater und exzellente Manager, um Fehler zu vermeiden oder genügend Kapital, um die Fehler, die dennoch auftreten, auszuhalten.

Die weitaus meisten Franchisesysteme werden jedoch von Unternehmern gegründet, die ein kleines Unternehmen aufgebaut haben.

Dieses Unternehmen ist manchmal nicht erfolgreich und der Unternehmer sieht im Franchising einen Weg, einen zusätzlichen Vertriebskanal zu schaffen, um doch noch über die Runden zu kommen. Ein solcher Ansatz scheitert praktisch immer: Ein Unternehmen, das vom Unternehmer nicht zum Erfolg geführt werden kann, wird auch nicht erfolgreicher, wenn er versucht es zu multiplizieren. Und gegenüber potenziellen Franchisenehmern, die oftmals ihre ganze Existenz aufs Spiel setzen, um ein Unternehmen zu gründen, ist so ein Vorgehen fahrlässig bis kriminell. Glücklicherweise sind solche Fälle eher selten.

Die weitaus meisten Unternehmer haben jedoch ihren Betrieb mit Erfolg aufgebaut und möchten diesen auf dem Wege des Franchisings multiplizieren. Spätestens hier stellt sich die

Frage: Was ist eigentlich Franchising? Wodurch unterscheidet sich Franchising von anderen Netzwerken und von Partner- oder Lizenzmodellen? Was ist der Unterschied gegenüber einem einzelnen Unternehmen?

Das grundlegende Modell des Franchisings sieht so aus, dass der Franchisegeber oder die Franchisezentrale einen Prototyp für ein schlüsselfertiges Unternehmen entwickelt hat. Dieses Unternehmenskonzept ist in einem Pilotbetrieb getestet und arbeitet erfolgreich. Es lässt sich multiplizieren, so dass ein Franchisenehmer mit diesem Konzept sein eigenständiges Unternehmen aufbauen kann. Das Franchisesystem tritt dabei unter einer einheitlichen Marke auf.

Bei Partner- oder Lizenzmodellen gibt es hingegen keine vorgegebene oder getestete Form der Unternehmensführung, sondern nur gemeinsame Produkte oder Dienstleistungen oder einen gemeinsamen Markenauftritt. Diese Modelle sind damit einerseits offener und freier, bieten andererseits aber auch weniger Sicherheit für die Partner.

Zwischen Franchisegeber und –nehmer herrscht eine Arbeitsteilung. Der Franchisegeber ist grundsätzlich mindestens für die Entwicklung und Weiterentwicklung des Gesamtsystems verantwortlich, der Franchisenehmer für den Vertrieb oder die Erbringung der Leistung vor Ort. Bei einigen neueren Systemen erfolgt auch der Vertrieb zentral, z.B. über ein Internet-Portal und nur die Erbringung der Leistung erfolgt vor Ort. In manchen Fällen übernimmt der Franchisegeber noch weitere Leistungen wie einen zentralen Einkauf oder eine zentrale Produktion. Diese Leistungen sind jedoch für Franchisemodelle nicht zwingend und werden deshalb hier nicht betrachtet.

Die meisten Unternehmer, die ein Franchisesystem gründen, sind also erfolgreiche Kleinunternehmer. Ihre Gemeinsamkeit ist, dass sie einerseits ein funktionierendes Unternehmen mit einem regionalen Wirkungskreis haben, andererseits aber nicht über genügend Kapital, um selbst aus eigenen Kräften ihr Produkt oder ihre Dienstleistung flächendeckend anzubieten. Franchising bietet sich hier als ideale Lösung an.

Die weitaus meisten der fast 500 Franchise-Unternehmer mit denen wir in den letzten Monaten gesprochen haben, sind so mit großen Hoffnungen in eine neue Phase der unternehmerischen Selbständigkeit und in eine Phase der Multiplizierung ihres Erfolgs eingetreten. Der Unternehmer Peter Brenner und sein Franchisesystem ‚Der Weinkenner' (Name und Branche wurden geändert) werden uns nun durch das Buch begleiten.

Des Weiteren tauchen in der Geschichte einige Experten auf. Da es sich dabei zum Teil um Spezialisten handelt, die in dieser Spezialisierung in Deutschland einmalig und deshalb sowieso sofort erkennbar sind, erscheinen sie mit Ihrem wirklichen Namen.

Ich bitte außerdem darum, mir nachzusehen, falls die Übertragung eines konkreten Falles auf eine andere Branche vielleicht nicht ganz gelungen ist.

Bitte empfehlen Sie, wenn Sie von der Nützlichkeit überzeugt sind, das Booklet an andere (Franchise-)Unternehmer weiter. Vielen Dank!

Berlin, April 2006 Stefan Merath

Erstes Treffen in Frankfurt

Die Situation

Peter Brenner gründete im Jahr 2000 in Stuttgart sein erstes Unternehmen. Ihm war aufgefallen, dass es zwar viele Getränkehandlungen und lange Weinregale in Discountern gab; eine Möglichkeit, wirkliche Spitzenweine mit qualifizierter Beratung einzukaufen, fehlte jedoch oft. Er nahm aber an, dass der Bedarf an solchen Weinen sehr hoch sein müsste: praktisch bei jedem wichtigen Essen im privaten Umfeld, egal ob geschäftlich, ob Rendezvous oder ob feierlicher Anlass. Er befragte alle Bekannten, ob sie in so einem Geschäft einkaufen würden und erfuhr dabei, dass diese nicht nur einzelne Flaschen, sondern gleich 6er-Kisten kaufen würden, da sie ja nicht so oft in den Laden kämen. Dies gab den Ausschlag zur Anmietung eines Ladengeschäfts nahe der Königstrasse.

Mit großer Begeisterung – Peter Brenner ist passionierter Weinkenner und -liebhaber – stürzte er sich in den Aufbau seines Ladengeschäfts ‚Der Weinkenner'. Wenn er selbst verkaufte, ging er auf die Kunden zu und erzählte diesen die Geschichte zu den Weinen. Manchmal nur über die Lage, aber oft auch Skurriles oder Bemerkenswertes. Peter Brenner wurde so nicht nur für seine Weine bekannt, sondern vor allem für seine Geschichten und wurde deshalb weiter empfohlen. Sein Unternehmen wuchs. Im Laufe von drei Jahren wurden drei Mitarbeiter eingestellt und eingearbeitet.

Mitte des Jahres 2003 beschloss Peter Brenner, angestachelt durch seinen Erfolg, weitere Niederlassungen zu gründen. Trotz nachweisbar hoher Umsatzzahlen verweigerten ihm drei verschiedene Banken die notwendigen umfangreichen Kredite. Einer der Bankbeamten machte Peter Brenner jedoch auf die Möglichkeit des Franchisings aufmerksam. Herr Brenner ließ sich beim Deutschen Franchiseverband beraten.

Daraufhin beauftragte er einen spezialisierten Franchise-Anwalt, einen Vertrag für die ersten Franchisepartner entwerfen. Beim Deutschen Franchise-Verband erhielt er auch die Adressen einiger Franchise-Berater, die ein Franchise-Handbuch erstellen könnten. Nachdem bereits das erste Angebot einen Betrag von knapp 50.000 Euro für die Erstellung eines Handbuchs veranschlagte, bat er einen Anwalt seines Vertrauens, auch gleich ein kurzes Handbuch zu erstellen. Mit dem gesparten Betrag konnte er eine Sekretärin in seiner Franchisezentrale fast ein ganzes Jahr bezahlen.

Aus den aufgelaufenen Gewinnen des ersten Ladengeschäfts und dem dann doch noch gewährten Kleinkredit wurde im September 2003 eine Franchisezentrale gegründet. Es wurden zwei Mitarbeiter angestellt und alle begannen mit großem Elan und Eifer, die ersten neuen Franchise-Partner zu gewinnen.

Zwei Jahre später, im Juni 2005 hatte Peter Brenner fünfzehn Franchise-Partner. Er war vor allem im süddeutschen Raum und in Hessen vertreten. Drei Partnerbetriebe machten noch einen vertretbaren Gewinn, acht weitere bewegten sich um eine schwarze oder rote Null, vier schrieben Verluste. Zwei dieser vier Verlustbringer standen kurz vor der Insolvenz und drohten in diesem Falle mit einer Klage.

Einige Franchisepartner experimentierten mit eigenen Konzepten. So hatte einer der beiden Partner, die kurz vor der Insolvenz standen, auch preiswerte Weine in sein Angebot aufgenommen. Er wollte damit noch mehr Kunden ansprechen. Ein anderer Partner, der ebenfalls Verluste schrieb, hatte auch Weinbrände aufgenommen, da die Zielgruppe schließlich am selben Abend vielleicht auch noch einen Weinbrand trank. Wieder ein anderer versuchte Kunden mit Rabatt-Aktionen anzulocken. Das System ‚Der Weinkenner' begann aufzuweichen.

Den letzten neuen Franchise-Partner hatte Peter Brenner ein halbes Jahr zuvor gefunden. Da die Umsatzprovision aber erst bei 22 Partnern ausreichen würde, um die Zentrale zu finanzieren, nahm die Liquidität immer weiter ab. Um die Grenze von 22 Partnern zu überschreiten, hatte Peter Brenner bereits drei Monate zuvor die Systemeintrittsgebühr gesenkt – aber ohne jeden Erfolg. Alle potenziellen Partner sprangen kurz vor der Vertragsunterzeichnung wieder ab. Es schien wie verhext.

Peter Brenner selbst arbeitete inzwischen ununterbrochen vierzehn bis siebzehn Stunden pro Tag, sieben Tage die Woche und zweiundfünfzig Wochen im Jahr. Seine Hauptaufgabe bestand darin, zwischen den verschiedenen Standorten zu pendeln. Er versuchte seine Partner zu motivieren und er drohte denen, die vom ursprünglichen Konzept abwichen. Wenn er in der Zentrale war, handelte er im Wesentlichen mit Lieferanten neue Zahlungsziele aus. Das Telefon war zum wichtigsten Arbeitsinstrument geworden.

Seine engeren Mitarbeiter und die Mitarbeiter seines ursprünglich so gut gehenden Ladengeschäfts schienen oft nicht mehr zu arbeiten, sobald er aus dem Raum war. Dementsprechend nahmen auch die Umsätze und Gewinne seines ursprünglichen Unternehmens ab. Selbst an Samstagen, an denen er selbst verkaufte, gingen die Umsätze weiter zurück.

Wenn ihm darüber hinaus noch Zeit blieb, versuchte er neue Franchise-Partner zu finden. Er kam dabei jedoch ebenso wenig zu Resultaten wie die zwei eigens für die Partnergewinnung angestellten Mitarbeiter. Angesichts der Erfolglosigkeit wurde Peter Brenner immer deprimierter. Um einigermaßen schlafen zu können und die Sorgen weg zu drücken, trank er vor dem Schlafen noch zwei oder drei Gläschen Wein. Sein letzter Urlaub lag drei Jahre zurück. Zuhause – wenn er denn mal dort war – wurde fast immer gestritten. Sein Privatleben war kurz vor dem Scheitern.

Schließlich stellte seine Frau Sybille ihm ein Ultimatum, bis Ende 2005 zu einem normalen Leben zurück zu kehren oder sich zu trennen.

Peter Brenner wollte in dieser Situation sein Franchise-Unternehmen am liebsten schließen, sah aber selbst dafür keinen halbwegs geordneten Weg mehr. Die Kredite würden ihn auch privat in die Insolvenz treiben. Das ‚Systemflattern' hatte ihn voll erwischt. Damit ist Peter Brenner kein Ausnahmefall. Selbst McDonalds hatte, wie man in ‚Die McDonald's Story' von John F. Love nachlesen kann, in den 50er Jahren mit ähnlichen Problemen zu kämpfen.

Peter Brenner trat in dieser Situation Mitte 2005 an mich heran, um sich coachen zu lassen. Dass ich selbst Unternehmer bin und mein Unternehmen zudem als Zielgruppe Franchisesysteme hatte, gab den Ausschlag.

Platz schaffen

Wir trafen uns am 3. August 2005 das erste Mal in Frankfurt im ‚Rainbow Garden' zum Mittagessen. Peter Brenner hatte nur zwei Stunden Zeit, da er kurz darauf seinen nächsten Termin bei einem Partner hatte. Als er mir in einer halben Stunde seine Situation schilderte, beobachtete ich ihn. Seine Augen waren stumpf. Er schaufelte das Essen in sich hinein und trank den Wein in großen Schlucken. Selbst während er mir kauend seine Situation erzählte, schien er nicht anwesend zu sein. Ich nahm an, dass er mit Gedanken schon wieder beim nächsten Termin war und sich überlegte, wie er das Problem mit diesem Partner lösen sollte. Schließlich sagte er mit feuchten Augen, dass er keine andere Chance mehr sehen würde, als in einigen Wochen Insolvenz anzumelden. Und dass ich ihm wohl auch nicht helfen könne. Nun, bis zu diesem Zeitpunkt hatte ich nur zwei oder drei kurze Fragen gestellt.

Erfolgsratgeber beginnen meist damit, dass Sie Ihre Lebensziele festlegen sollen. Das können Sie in so einem Zustand getrost vergessen. Wenn das Ende des persönlichen Zeithorizonts maximal zwei bis vier Wochen in der Zukunft liegt, weil Sie dann den Gang zum Amtsgericht antreten müssen, können Sie keine Zielplanung auf eine Sicht von vielen

Jahren machen. Sie versuchen diese zwei Wochen um noch mal zwei Wochen hinaus zu zögern und dann noch mal um zwei Wochen. Alles andere verliert an Bedeutung.

In so einer Situation ist es erforderlich, kräftig am Hamsterrad zu rütteln, um den Blick woanders hin zu lenken.

„Was machen Sie eigentlich den ganzen Tag?" fragte ich.

Peter Brenner funkelte mich böse an: „Ich habe Ihnen gerade eben erzählt, dass ich 14 bis 17 Stunden am Tag arbeite und zwar 365 Tage im Jahr – einschließlich Weihnachten – und Sie, Sie fragen mich, was ich den ganzen Tag mache?"

„Ja, aber was von dem, was Sie heute tun, hat in einem Jahr noch irgendeine Bedeutung?" insistierte ich ruhig. „Hat es in einem Jahr eine Bedeutung, wenn Sie nachher Ihren Partner überreden, die Billigweine aus dem Angebot zu nehmen? Hat es in einem Jahr eine Bedeutung, wenn Sie danach nach Karlsruhe rasen, um mit dem nächsten Partner die Buchhaltung durch zu gehen? Oder wenn Sie unterwegs auf der Autobahn per Handy noch versuchen, zwei potenzielle Partner zu gewinnen, die Ihre Not spüren und genau deswegen absagen werden? Was davon hat in einem Jahr noch eine Bedeutung?"

Langsam wurde sein Blick weicher. Jetzt war Peter Brenner anwesend und antwortete: „Vermutlich nichts." Und resigniert fügte er hinzu: „Aber was soll ich denn sonst tun?"

„Nun, um eine Antwort auf diese Frage zu bekommen, wollten Sie mich vermutlich treffen." entgegnete ich. „Aber um Ihnen die Wahrheit zu sagen: Im aktuellen Zustand können Sie vorerst gar nichts tun."

Verblüfft starrte mich Peter Brenner an und so erklärte ich: „Das, was Sie bislang getan haben, hat Sie da hin gebracht, wo Sie jetzt stehen. Wenn Sie weiterhin dasselbe tun, können Sie nicht erwarten, woanders hin zu gelangen. Also müssen Sie etwas Grundlegendes ändern. Um etwas Grundlegendes zu ändern, müssen Sie zuerst wissen, was genau Sie ändern möchten. Und dazu müssen Sie nachdenken. Nachdenken benötigt freie Zeit und Ressourcen. Und diese haben Sie im Augenblick nicht."

Peter Brenner schaute auf seine Uhr und ich merkte ihm an, dass er wieder an seinen folgenden Termin dachte. Aber gleichzeitig dachte er nach. Nach einer Pause fragte er dann: „Sie meinen also, meine erste Aufgabe wäre, mir Zeit zu schaffen? Das leuchtet mir ein, aber dann bleibt doch alles liegen und bricht zusammen?"

„Wirklich? Bricht alles schneller oder langsamer zusammen, wenn Sie Ihre heutigen Termine absagen?"

Nach fast einer halben Minute entgegnete Peter Brenner traurig: „Nein, vermutlich nicht". Und es war ihm offensichtlich unwohl dabei, da dies eine erste Lücke in seine bisherige eiserne Disziplin reißen würde.

Auch wenn sich Peter Brenner nun etwas geöffnet hatte, sah er immer wieder auf seine Uhr. Es war angesichts der Situation dringend und so forcierte ich eine Entscheidung: „Nun, die zwei Stunden sind vorbei. Ich möchte, dass Sie innerhalb der nächsten zwei Minuten eine Entscheidung treffen. Entweder Sie gehen jetzt zu Ihrem nächsten Termin und fahren danach nach Karlsruhe. Ich übernehme dann hier die Rechnung und wir werden uns nicht wieder sehen. Oder Sie sagen jetzt alle Termine für heute ab und wir beginnen sofort damit, Platz zu schaffen."

Nach zwei langen Minuten, in denen Peter Brenner offensichtlich mit sich kämpfte – und damit, dass ein anderer ihn in eine solche Entscheidungssituation drängte – griff er zum Handy, rief den ersten Partner an und sagte den Termin ab. Anschließend rief er einen seiner Partner-Manager an und beauftragte ihn, die zwei potenziellen neuen Franchise-Partner anzurufen und dem anderen Partner-Manager Bescheid zu sagen, dass er den Termin in Karlsruhe übernehmen solle.

„Gut", nickte ich anerkennend und lächelte ihn an. Ich bekam langsam das Gefühl, dass Peter Brenner es schaffen könne. „Sie haben einen ersten wichtigen Schritt getan! Sie haben begonnen, anders zu handeln, auch wenn Sie noch nicht genau wissen, wo es Sie hin führt. Schaffen wir also Zeit – wir haben viel Arbeit vor uns.

Wir müssen an zwei Fronten Zeit schaffen. Zum einen geht es um die Frage, womit Sie sich in Zukunft acht bis zehn Stunden am Tag, fünfeinhalb Tage pro Woche beschäftigen werden. Zum anderen geht es um die Frage, wie wir die nächsten zwei bis vier Wochen bis zu Ihrer Insolvenz so weit ausdehnen können, dass Sie genügend Zeit gewinnen, grundsätzliche Änderungen durchzuführen und die Resultate dieser Änderungen mit Ihrem Unternehmen auch noch zu erleben.

Zuerst zur ersten Aufgabe. Der Managementpapst Peter Drucker rät: ‚Machen Sie die wichtigsten Dinge zuerst und die zweitwichtigsten – überhaupt nicht!'. Unsere Aufgabe besteht also darin, zuerst heraus zu finden, was die wichtigsten Dinge sind und was die zweitwichtigsten.

Machen Sie die wichtigsten Dinge zuerst und die zweitwichtigsten – überhaupt nicht! Sie haben also drei Aufgaben. Erstens: Finden Sie heraus, was die wichtigsten Dinge sind. Zweitens: Führen Sie diese Dinge aus. Drittens: Legen Sie für den Rest der Zeit die Beine auf den Tisch und träumen Sie. Mehr werden Sie auch in einem Zeitmanagement-Seminar nicht lernen.

Wir haben wenig Zeit. Normalerweise schicke ich in der ersten Woche einen Praktikanten oder Studenten hinter dem Unternehmer her, um im Zwei-Minuten-Takt zu protokollieren, womit die Zeit verbracht wird. In hartnäckigen Fällen wechseln sich die Praktikanten im Zwei-Schicht-Betrieb ab. In extrem hartnäckigen Fällen ist evtl. auch ein Drei-Schicht-Betrieb erforderlich – dann sollte aber mindestens einer der Praktikanten eine medizinische Grundausbildung haben. Danach haben Sie eine fundierte Ausgangsbasis, um ihre Zeitplanung in einem ersten Schritt zu straffen.

Dazu haben wir jetzt nicht die Zeit. Ich gebe Ihnen hier einen Block. Schreiben Sie alle Tätigkeiten auf, die Sie in einer normalen Woche ausführen. Achten Sie auch darauf, die Unterbrechungen zu erfassen. Stellen Sie sich dann anhand Ihrer Liste zu jeder Tätigkeit folgende Fragen:

- Was war wirklich wichtig, um mein Unternehmen erfolgreicher zu machen?
- Welche Arbeit war rückblickend unnötig? Warum habe ich sie trotzdem gemacht?
- Welche Aufgaben könnte jemand anderes übernehmen? (Was müsste diese andere Person notfalls noch lernen?)
- Welche Tätigkeiten kann ich anders gruppieren (z.B. Telefonanrufe bündeln)?
- Wo wurde ich unterbrochen und musste mich nochmals neu einarbeiten?
- Bei welchen Tätigkeiten war ich am effektivsten?
- Welche Tätigkeiten bringen keine Ergebnisse?
- Bei welchen Tätigkeiten war ich am wenigsten effektiv und wer kann das besser?

Während Sie schreiben, mache ich noch ein paar Besorgungen. Wir treffen uns um 18:30 Uhr zum Abendessen wieder hier. Und – gehen Sie zwischendurch eine halbe Stunde spazieren und genießen Sie den Tag! Ihren ersten wichtigen Erfolg, etwas anderes zu tun als bisher, haben Sie bereits errungen. Genießen Sie es!"

Als ich am Abend zum Abendessen eintraf, war Peter Brenner in gelöster Stimmung und kicherte vor sich hin. Auf meinen neugierigen Blick erläuterte er, dass er in Zukunft nur noch eine 25-Stunden-Woche hätte. Lachend erwiderte ich, dass uns für die anderen 25 Stunden schon etwas einfallen würde. Aber es war wie so oft: Die meisten Tätigkeiten, die Unternehmer normalerweise ausführen, scheitern schon an der ersten Kontrollfrage: „Was war wirklich wichtig, um mein Unternehmen erfolgreicher zu machen?“

„Wie geht es weiter?“ fragte Herr Brenner neugierig.

„Nun, wir essen zu Abend und Sie suchen den Wein aus – Sie sind ja schließlich der Fachmann.“ lächelte ich. „Erzählen Sie dann einfach von Ihrer Frau, Ihrem Unternehmen, Ihrer Kindheit. Von was Sie möchten. Und nach dem Abendessen geht es weiter.“

Peter Brenner war während des Essens in einer gelösten Stimmung wie schon lange nicht mehr.

Als der Tisch abgeräumt war, ging ich wieder zu unserer Arbeit über: „Gut, gehen wir nun den zweiten Teil an. Wie genau haben Sie Ihre Zahlen und Ihre Liquiditätssituation im Kopf?“

Etwas verlegen schaute Peter Brenner mich an: „Eigentlich gar nicht. Es war immer so viel zu tun. Und Zahlen lagen mir noch nie.“

„Können Sie jemand anrufen, der Ihnen jetzt sofort die Zahlen nennen könnte?“ fragte ich sicherheitshalber.

Resignierend schüttelte Peter Brenner den Kopf. Nahezu alle Unternehmer schütteln in dieser Situation den Kopf.

„Gut, dann bekommen Sie einfach einige Aufgaben, die Sie in den nächsten zwei Tagen erledigen können. Was für einen Steuerberater haben Sie?“

„Eine große Kanzlei. Rund 250 Mitarbeiter.“

„Sehr gut! Genau genommen wissen Sie nicht, ob Sie bereits insolvent sind, solange Sie Ihre Zahlen nicht kennen. Ihre erste Aufgabe wird also sein, dies heraus zu finden. Lassen Sie sich bis morgen Mittag von Ihrem Steuerberater die aktuellen Zahlen vorlegen. Verlangen Sie eine verbindliche schriftliche Auskunft, ob Sie zahlungsunfähig oder bilanziell überschuldet sind – Sie benötigen diese Absicherung gegebenenfalls in einem Insolvenzverfahren.

Lassen Sie sich außerdem zwei Modellrechnungen erstellen. Erstens: Was passiert, wenn es unverändert weiter ginge? Wie lange könnten Sie durchhalten? Zweitens: Was passiert, wenn die vier Partner, die Verluste machen, keine Provision mehr bezahlen? Wie lange könnten Sie dann durchhalten? Welche Kostenpositionen können Sie sich dann erlauben? Lassen Sie sich zudem einige Vorschläge machen, wo Sie einsparen oder evtl. sogar Bestände oder Vermögensgegenstände in Liquidität umwandeln könnten. In letzter Konsequenz können Sie diese Entscheidungen auf Basis der Vorschläge aber nur selbst treffen.

In der Zwischenzeit klären Sie – obwohl das in solch einer Situation für kleine Unternehmen oft verschwendete Zeit ist – welche Unterstützungsmöglichkeiten oder Überbrückungsgelder Sie von öffentlicher Seite bekommen können. Machen Sie das nach Möglichkeit nicht selbst, sondern lassen dies über Ihren Steuerberater klären: Dort ist für solche Fälle das größere Know-how vorhanden. Gerade in einer großen Kanzlei wie der Ihren liegen für solche Fälle oft schon Erfahrungen vor, was möglich ist und was nicht. Das ist Gold wert. Immerhin gibt es in einigen Bundesländern Fördermittel für Berater. Und Sie werden die besten Berater brauchen.

Morgen Mittag wissen Sie dann mehr. Sind Sie bereits insolvent oder steht dies unmittelbar bevor, dann sollten Sie natürlich unverzüglich einen auf Insolvenzen spezialisierten Anwalt aufsuchen. Hoffen wir, dass sich dies vermeiden lässt."

Peter Brenner nickte: „Ja, hoffentlich!"

„Morgen am frühen Nachmittag nehmen Sie einen Termin bei Ihrem Franchise-Anwalt wahr. Klären Sie alle Möglichkeiten, wie Sie die vier Partner, die Verluste machen entweder retten oder sich möglichst kostenneutral von ihnen trennen können."

Peter Brenner sah kurz von seinem Blatt auf und fragte: „Ja, geht das denn so einfach?"

„Einfach sicher nicht. Aber je geringer der bisher entstandene Schaden ist, desto eher kommen Sie mit diesen Partnern zu einer Vereinbarung. Ihr Franchise-Anwalt hat dafür mit Sicherheit Ideen oder Lösungen.

Sorgen Sie außerdem dafür, dass jedes Mal, wenn Sie einen Mitarbeiter oder Lieferanten oder Berater sehen oder mit ihm sprechen, die Botschaft ankommt: ‚Wir retten jetzt ‚Den Weinkenner' und machen daraus ein erfolgreiches Business. Wir packen es zusammen an!'

Morgen Nachmittag verschaffen Sie sich selbst einen Überblick über die Zwischenergebnisse und entwickeln eine Worst-Case-Finanzplanung – am besten gemeinsam mit Ihrem Steuerberater. Gehen Sie davon aus, nur noch elf Partner zu haben und gehen Sie davon aus, dass zwei der vier ehemaligen Partner eine Klage einreichen werden. Das ‚Prinzip Hoffnung' können Sie in der ersten Phase „Platz schaffen" vergessen. Wenn Sie eine Maßnahme ergreifen, schaffen Sie Unruhe bei Mitarbeitern, Partnern, Lieferanten und Banken. Wenn Sie nach zwei Monaten und danach nach vier Monaten nochmals eine Maßnahme ergreifen, schaffen Sie noch größere Unruhe und werden komplett unglaubwürdig. Solange in Ihrem Unternehmen Unruhe herrscht wird nicht gearbeitet. Und wenn nicht gearbeitet wird, werden Sie untergehen, unabhängig davon, was Sie tun.

Schneiden Sie also sofort so tief wie nötig. So tief, dass Sie sich sicher sind, dass es auch dann funktioniert, wenn es noch etwas schlechter läuft als angenommen. Rechnen Sie zu diesem Zeitpunkt also keinesfalls irgendwelche öffentlichen Liquiditätsbeihilfen oder ähnliches mit ein, die Sie noch nicht bekommen haben. Und rechnen Sie damit, dass Sie noch freie Mittel benötigen, um Maßnahmen zu ergreifen.

Entwickeln Sie aus der Worst-Case-Finanzplanung ein Handlungsmodell. Das werden Sie dann am Freitag Ihren Mitarbeitern vorstellen. Eine zentrale Komponente wird eine befristete Gehaltskürzung sein. Wenn Sie von Ihren Mitarbeitern zehn Prozent Kürzung verlangen, gehen Sie mit zwanzig Prozent voran. Wenn Sie von Ihren Mitarbeitern fünfundzwanzig Prozent Kürzung verlangen, gehen Sie mit fünfzig Prozent voran. Wenn einzelne Mitarbeiter nicht mitziehen, sollten Sie sich sofort von Ihnen trennen: Leute, die nur in guten Zeiten zu Ihnen halten, können Sie aktuell nicht gebrauchen. Leute die vorrangig aus finanziellen Beweggründen bei Ihnen sind, haben keine innere Bindung und werden Sie sowieso irgendwann verlassen. Trennen Sie sich deshalb besser gleich von ihnen.

Auch wenn Ihre Zahlen nach diesen Maßnahmen besser aussehen dürften, so muss Ihnen klar sein, dass damit nur kurzfristig Zeit geschaffen wurde. Mehr werden Sie über den Weg einer Finanzplanung niemals schaffen. Sie können so den Misserfolg hinauszögern, aber Sie werden damit nie und nimmer erfolgreich."

Das Wichtigste in der Krise ist Geschwindigkeit. Nehmen Sie deshalb die Erfahrung aller Spezialisten, die Sie bekommen können, in Anspruch. Und dann schneiden Sie so tief wie nötig, um sicher zu sein, dass ein einziger Schnitt ausreicht.

Peter Brenner schrieb eifrig mit und man merkte ihm an, wie die Hoffnung zurückkehrte. Er musste sich zwar den Tatsachen stellen, aber nun hatte er einen konkreten Handlungsweg vor sich.

„Kündigen Sie Ihren Mitarbeitern und Ihren Franchisepartnern dann ein ganztägiges Meeting am Sonntag in zwei Wochen an, auf der die neue Vision und Strategie des ‚Weinkenners' vorgestellt werden."

„Aber die kenne ich doch noch gar nicht!" warf Peter Brenner ein.

„Ein bisschen Herausforderung schadet nicht." grinste ich. „Wir werden diese eben in den nächsten zwei Wochen entwickeln. Nochmals: Das Wichtigste in dieser Situation ist, Zeit zu gewinnen. Sie können es sich nicht leisten, zuerst zwei Wochen eine Strategie zu entwickeln und dann noch mal zwei Wochen vertrödeln, Ihren Partnern einen Vorlauf für ihre persönliche Zeitplanung zu geben, damit sie auch zum Meeting kommen können."

Peter Brenner nickte zweifelnd.

„Ich möchte Ihnen ein Beispiel geben. Einer der berühmtesten nordamerikanischen Eishockeyspieler wurde einmal auf die Ursache seines Erfolgs angesprochen. Er entgegnete, dass er nicht dort hin laufen würde, wo der Puck wäre, sondern dort hin, wo der Puck sein würde. Das kann schief gehen, natürlich! Aber wenn Sie dort hinlaufen, wo der Puck ist, geht es grundsätzlich schief, weil Sie immer zu spät kommen.

Nun noch zu einem letzten Punkt. Was macht Ihre Frau beruflich?"

Etwas irritiert antwortete Peter Brenner: „Sie ist Hausfrau."

„Könnte sie eine nützliche Rolle in Ihrem Unternehmen spielen? Sehen Sie, wenn Ihre Frau Ihnen ein Ultimatum stellt, dann ist das Entscheidende daran nicht, dass sie sich trennen möchte, sondern dass sie sich *noch nicht* trennen möchte. Gehen Sie morgen Abend mit ihr essen. Schildern Sie ihr die Situation und die Maßnahmen, die Sie ergreifen möchten. Es muss deutlich werden, dass Sie wirklich bereit sind, etwas zu ändern. Dass Sie auch Ihre Ehe retten wollen. Bitten Sie sie dann, bis zum Ende des Ultimatums im Unternehmen mitzuarbeiten. Zeigen Sie ihr, dass dies der Weg ist, sich nicht trennen zu müssen. Und bieten Sie dafür im Ausgleich an jedem Wochenende einen gemeinsamen freien Tag, um schon jetzt an der Rettung Ihrer Ehe zu arbeiten.

So bekommen Sie zusätzliche Arbeitskraft und Unterstützung zur Rettung Ihres Unternehmens und gewinnen zugleich Zeit zur Rettung Ihrer Ehe."

„Das könnte gehen.", nickte Peter Brenner. „Sie könnte mir die Leitung des Stuttgarter Ladengeschäfts abnehmen."

„Gut. Übertragen Sie ihr das Geschäft, wenn sie Interesse daran hat. Signalisieren Sie, dass Sie faire Vereinbarungen anstreben."

Peter Brenner schluckte ganz offensichtlich – nickte dann aber langsam.

Mittlerweile war es spät geworden und ich hatte nur noch ein Anliegen. „Herr Brenner, Sie haben heute einen wichtigen Schritt gemacht und beschlossen, ihr Unternehmen zu retten und etwas anders zu machen. Bis zum Wochenende werden Sie wissen, ob dies möglich ist und haben dann die notwendigen Maßnahmen eingeleitet. Sie können stolz auf sich sein!

Aber bislang haben wir nur Platz geschaffen, um die wirkliche Arbeit anzugehen: Ein perfektes Franchiseunternehmen aufzubauen. Ohne diesen Raum hätten wir nicht beginnen können. Wir haben aber noch nicht mehr erreicht: Die Ursachen für Ihre Probleme liegen noch im Dunkeln und würden Sie nach kurzer Zeit wieder zum selben Punkt führen. Wie Einstein schon sagte: Probleme können nie auf derselben Ebene gelöst werden, auf der sie entstehen. Wir werden also die Ebene wechseln müssen. Am besten gelingt dies in einer anderen Umgebung.

Am Montag und Dienstag werden wir uns deshalb wieder treffen und mit der eigentlichen Arbeit beginnen. Ich werde für uns zwei Zimmer im Hotel Schindlerhof in Nürnberg reservieren."

Workshop – Der erste Tag

Fachkraft – Manager – Unternehmer

Am Montag früh kam Peter Brenner in gelöster Stimmung an meinen Frühstückstisch in der ‚Tenne' des Schindlerhofs. Er berichtete kurz, dass sein Steuerberater ihn kompetent unterstützt hatte. Zuerst hatten sie festgestellt, dass er noch keine Insolvenz anmelden musste. Nach einer gründlichen Durchforstung aller Kostenpositionen erstellten sie eine lange Liste für die Sekretärin – angefangen von der Abo-Kündigung diverser Zeitschriften über den Wechsel des Stromanbieters, die Kündigung doppelter Versicherungen bis hin zur Kündigung eines ungenutzten Lagerraums. Die entscheidende Idee war jedoch der Verkauf seines erst ein Jahr alten Dienstwagens und eine Umwandlung in ein Leasing-Modell.

Vor der Mitarbeiterbesprechung, die dann am Freitag stattfand, vereinbarte er mit seinem fest angestellten Systemadministrator und Webmaster eine Änderung zu einer freien Mitarbeit auf Stundenbasis. Das Gespräch mit den anderen Mitarbeitern verlief dann zunächst überraschend: Obwohl alle die Situation gesehen hatten, fielen sie beim Vorschlag von fünfundzwanzig Prozent Gehaltskürzung aus allen Wolken. Einer der beiden Partnerbetreuer weigerte sich. Der andere Partnermanager, die Sekretärin sowie die Marketing- und PR-Mitarbeiterin stimmten dem jedoch – vor allem weil Peter Brenner selbst mit fünfzig Prozent Kürzung voran ging – zu. Der Partnerbetreuer, der sich weigerte, erhielt die Kündigung.

Alle Maßnahmen zusammen brachten frei verfügbare Mittel von rund 40.000 Euro. Selbst bei nur elf Partnern würde Peter Brenner nun einen positiven Cashflow von etwa 2.000 Euro pro Monat erzielen. Damit war eine gewisse – wenn auch nicht üppige – Manövriermasse geschaffen.

Auch seine Frau war mit den Maßnahmen einverstanden, bestand aber sowohl auf der festen Vereinbarung eines gemeinsamen freien Tags als auch einer Übertragung des Stuttgarter Ladengeschäfts auf ihren Namen.

Offen waren noch die Probleme mit den vier Franchise-Partnern in der Verlustzone. Hier wollte sein Anwalt bis Mitte der Woche verschiedene Konzepte erstellen und ihn bei den Verhandlungen unterstützen.

„Womit beginnen wir nun?“ fragte Peter Brenner erwartungsvoll.

„Wir definieren zuerst das Problem. Bislang haben wir uns in einem Feuerwehreinsatz um unerwünschte Folgen gekümmert. Die Quelle und Ursache bleibt nach wie vor bestehen. Und sie ist noch unklar.

Der Erfolgsautor Bodo Schäfer schreibt in einem seiner Bücher, dass sich 99 Prozent der Unternehmer nicht verhalten wie Unternehmer. Und deshalb sind sie auch nicht so erfolgreich, wie das restliche ein Prozent der Unternehmer. Die meisten Unternehmer verhalten sich wie angestellte Freiberufler-Experten-Unternehmer. Sie haben einen Terminplan für mindestens vier Personen und denken in der Regel, dass dies so sein müsse – schließlich sind sie ja *selbständig* und das heißt in ihrer Übersetzung, dass sie *selbst ständig* arbeiten. Rockefeller, einem der erfolgreichsten Unternehmer aller Zeiten, wird die Aussage zugeschrieben: ‚Wenn Sie den ganzen Tag arbeiten, haben Sie keine Zeit Geld zu verdienen.‘ Offensichtlich ist also an der Einstellung von 99 Prozent der Unternehmer, die vier Jobs gleichzeitig ausführen, etwas falsch.

Aber gehen wir zum Beginn zurück. Wie werden die meisten Unternehmer zum Unternehmer? In den meisten Fällen sind Unternehmer Fachkräfte, die irgendetwas gut können und mit irgendetwas in ihrer Stellung unzufrieden sind.“

„Ja“, warf Peter Brenner ein, „das stimmt. In meiner Position als Wein- und Spirituosen-Einkäufer eines großen Getränke-

Discounters fühlte ich mich zunehmend unzufrieden, da ich meine Ansprüche an Qualität nicht einbringen konnte. Meine Kenntnisse über gute Weine und Bezugsquellen wurden praktisch überhaupt nicht genutzt."

„Und dann machen sich die Fachkräfte selbständig. Ein Einkäufer oder Verkäufer eröffnet ein Ladengeschäft, ein Programmierer ein Software-Unternehmen und eine Köchin eröffnet ein Restaurant. Der in Deutschland leider fast völlig unbekannte Unternehmensberater für Kleinunternehmen, Michael Gerber, bezeichnet dies als ‚unternehmerischen Anfall der Fachkraft'.

Plötzlich sind Sie mit ganz neuen Aufgaben konfrontiert. Sie müssen Räume anmieten und einrichten. Sie müssen sich mit den Behörden auseinandersetzen. Eine Heerschar von Gründerberatern erklärt Ihnen, warum Sie unbedingt einen dreißigseitigen Business-Plan benötigen und die Bankbeamten nicken mit ernsten Mienen. Sie müssen sich mit Werbeagenturen und PR beschäftigen. Auf Ihrem Schreibtisch stapeln sich Bücher: ‚Die wichtigsten Gesetze und Verordnungen für Geschäftsführer', ‚Steuerrecht' usw. Zu diesem Zeitpunkt haben Sie noch keinen einzigen Kunden gesehen, nichts verkauft, keine Zeile Programmcode entwickelt und noch kein Menü gekocht.

Angenommen, Sie haben diese erste Hürde genommen und öffnen nun ihr Geschäft. Die ersten Kunden kommen und Sie arbeiten voller Elan. Ihr Unternehmen ist ihr Baby. Mehr noch: *Sie sind Ihr Unternehmen.* Sie identifizieren sich mit Ihrem Unternehmen und Ihre Kunden identifizieren Ihr Unternehmen mit Ihnen. Sie machen für die Kunden mehr als Sie müssten und langsam spricht sich Ihr Einsatz herum und so kommen mehr Kunden. Am Abend kümmern Sie sich um die anderen Aufgaben: Buchführung, Schreiben eines Business-Plans, Teilnahme an einem Bilanzierungskurs bei der IHK, Planung von Werbeaktionen mit der Agentur usw.

Sie arbeiten nun meist von 7 bis 22 Uhr, aber es macht Ihnen nichts aus. Sie haben die Begeisterung und das Feuer des

Anfangs. Sie machen täglich neue spannende Erfahrungen. Sie genießen das Lob Ihrer Kunden. Und Sie genießen auch die wachsenden Umsätze. Schließlich brauchen Sie einen zweiten und dann einen dritten Mitarbeiter. Sie suchen diese über den Stellenmarkt und nehmen meist einen der ersten drei, weil Sie schlicht keine Zeit haben, sich mehr Bewerber anzuschauen: ‚Und die Qualitäten merkt man ja sowieso erst in der Praxis.'

Ihre neuen Mitarbeiter machen nun das, wozu Sie selbst keine Lust haben. Dazu wurden die neuen Mitarbeiter ja eingestellt. Eine Zeit lang geht alles gut. Sie haben wieder mehr Freiraum, gehen schon um 20 Uhr nach Hause, machen weitere Gewinne und träumen von einem Aufbruch zu neuen Ufern. Zum Beispiel von der Gründung weiterer Niederlassungen oder eines Franchisesystems.

Plötzlich kommen wieder neue Aufgaben auf Sie zu. Sie benötigen einen Franchisevertrag und ein Franchise-Handbuch. Sie benötigen eine Franchisezentrale und die ersten Franchisepartner. Und Sie machen sich wie gewohnt mit Elan an die Arbeit – abends sind ja von 20 bis 22 Uhr noch zwei Stunden Luft und Sie können außerdem – ‚natürlich nur vorübergehend' – auch den zweiten Wochenendtag arbeiten. Am Anfang geht alles gut – ihre Begeisterung strahlt auf die potenziellen Partner aus und Sie haben den Erfolg noch immer im Rücken.

Aber plötzlich bemerken Sie, dass Ihr erstes Geschäft nicht mehr so gut läuft. Alte Kunden bleiben weg. Sie schauen nun genauer hin und stellen fest, dass die Angestellten in Ihrem ersten Geschäft falsch beraten oder Fehler bei der Abrechnung machen. Zu Beginn korrigieren Sie die falsch ausgeführten Tätigkeiten. Später korrigieren Sie Ihre Entscheidung, mit diesen Angestellten zu arbeiten und tauschen sie aus. Dadurch wird es aber nicht besser.

Die neuen Franchisepartner machen nicht die angestrebten Gewinne und lassen sich auch kaum kontrollieren. Sobald Sie durch die Ladentür des Franchisepartners heraus sind oder den Telefonhörer aufgelegt haben, scheint er etwas anderes zu machen, als Sie wollen. Und Sie haben keine Weisungsbefugnis.

Kleine Nadelstiche nur, aber die kleinen Misserfolge häufen sich. Sie fühlen sich zunehmend ausgebrannter und haben das Gefühl, alles alleine machen zu müssen. Nur, dass im Gegensatz zu früher nichts mehr klappt.

Ich zeichne Ihnen die Ursache hierfür kurz auf. Wir nehmen hierfür ein einfaches Modell. Eine Person kann nur mit einer bestimmten Anzahl anderer Personen kommunizieren. D.h. ein Mitarbeiter kann nur eine bestimmte Anzahl Kunden bedienen, eine Führungskraft kann nur eine bestimmte Anzahl Mitarbeiter führen, ein Partner-Manager in einem Franchise-System kann nur eine bestimmte Anzahl Partner betreuen. Nehmen wir einmal an, die Zahl hierfür ist vier. Dann ergeben sich folgende Bilder:

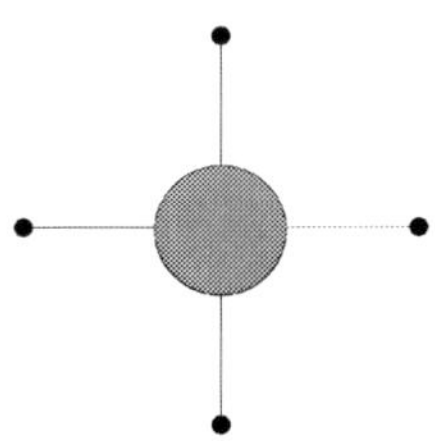

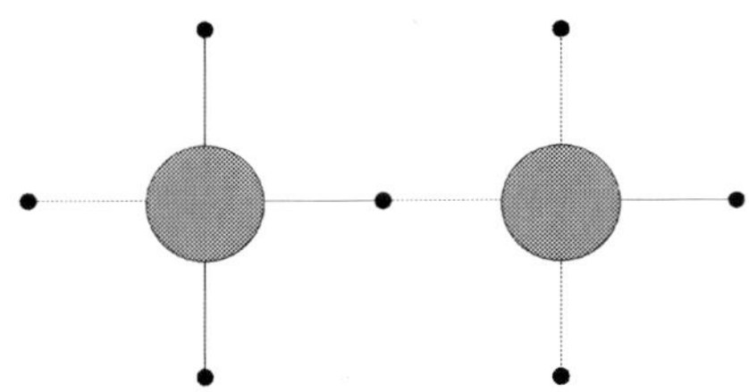

Ein Betreuer kann vier Partner betreuen. Wenn wir mehr Partner bekommen, dann benötigen wir einen zweiten Betreuer. Diese müssen aber selbst miteinander kommunizieren und können deshalb nur noch mit je drei anderen Partnern zusammen arbeiten. Macht also sechs Partner. Nun kommt ein siebter Partner hinzu und man stellt dafür einen weiteren Betreuer ein. Dies zeigt das folgende Bild.

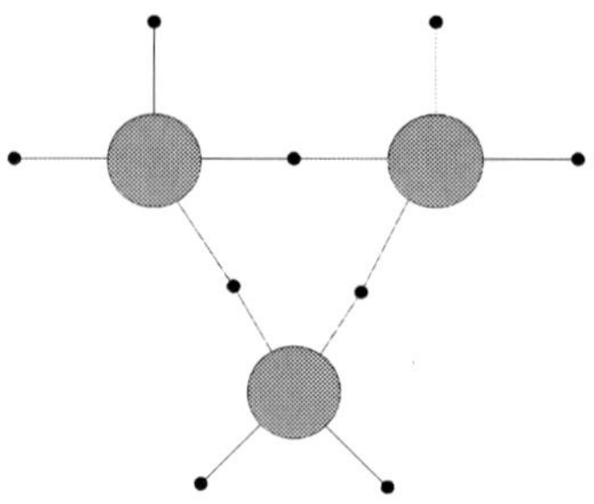

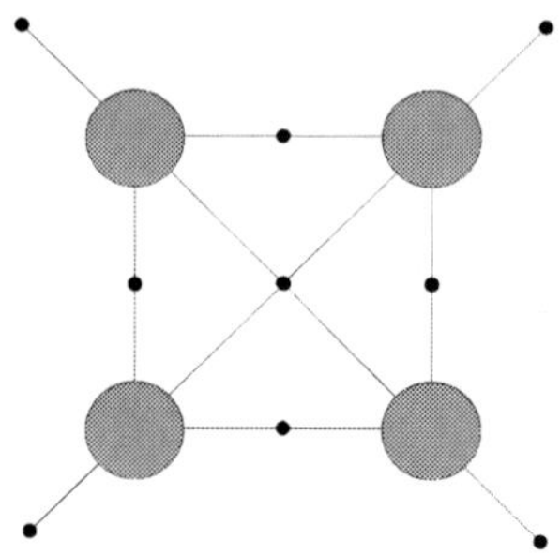

Leider müssen diese auch untereinander kommunizieren und haben deshalb nur noch Zeit für je zwei Partner. Das System beginnt schon hier zu kippen, da die Motivation zur Einstellung eines dritten Betreuers ja war, dass es mehr als sechs Partner wurden. Da man schnell feststellt, dass der dritte Betreuer nicht reicht, stellt man flugs einen vierten Betreuer ein, der das Problem weiter verschärft: die vier Betreuer kommunizieren miteinander und haben jeweils nur noch Platz für einen Partner.

Getreu dem Motto: Mehr von demselben wird schon helfen, wird nun noch ein fünfter Betreuer angestellt und das Ziel ist erreicht:

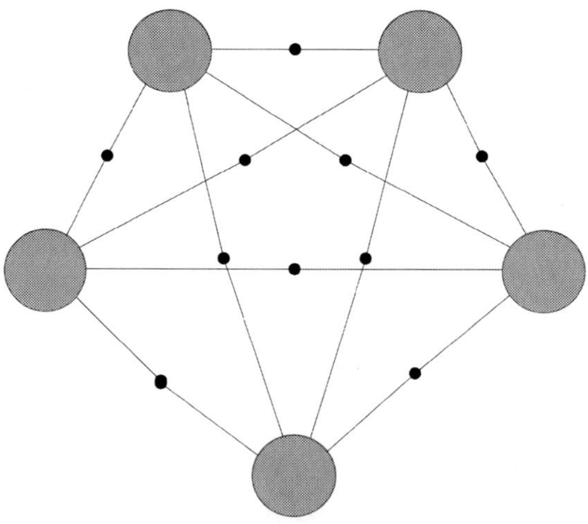

Die Betreuer sind perfekt mit sich selbst beschäftigt. So weit das allgemeine Prinzip. Wenn man dies nun auf ein Franchisesystem überträgt, ergibt sich folgendes Paradoxon:

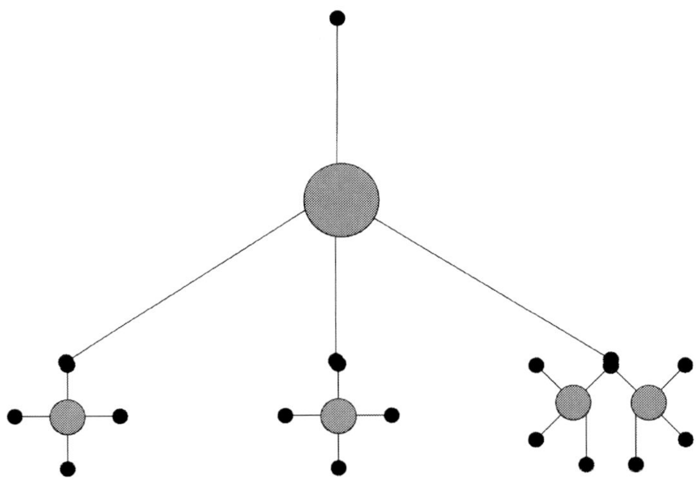

In der Zentrale oben im Bild sitzt jemand, der Partner gewinnen und betreuen soll. Dabei steht diese Person vor folgender Aufgabe: Eine Systemzentrale muss bereits von Anfang an bestimmte Dienstleistungen bereitstellen. Diese rechnen sich jedoch erst ab einer bestimmten Anzahl von Partnern. Das schwankt je nach Franchisesystem, aber 25 Partner sind ein guter Erfahrungswert. Ab ca. 25 Partner kann die Zentrale also gut arbeiten. Damit steht die Zentrale vor der Aufgabe, 25 Partner zu gewinnen.

Je mehr Franchise-Partner jedoch gewonnen werden, desto weniger Energie steht für die Gewinnung neuer Partner zur Verfügung – die bestehenden Partner wollen ja eingearbeitet und betreut werden.

Je mehr Partner ein System hat, desto stärker werden die Überlastung und das Konfliktpotenzial. Und je höher das Konfliktpotenzial, desto geringer die Attraktivität und desto schwieriger wird es, neue Partner zu finden.

Das heißt also: Je stärker man sich auf die Lösung (25 Partner) zu bewegt, desto mehr verschärft sich das Problem. Je schneller Sie in Ihrem Laufrad laufen, desto langsamer kommen Sie voran. Je nach Typus werden Sie nun verbittert, cholerisch, resigniert oder entwickeln Galgenhumor."

Peter Brenner betrachtete mich mit zunehmender Verwunderung, während ich sprach: „Woher wissen Sie das? Ziemlich genau so ist es mir beim ‚Weinkenner' gegangen."

„Nun ja", entgegnete ich, „es ist einfach immer so. Deswegen gehören auch keine sonderlich großen hellseherischen Fähigkeiten zu dieser Beschreibung.

Ich möchte dieses Modell und das zugrunde liegende Problem erst mal kurz stehen lassen und zuerst noch einen zweiten Aspekt ergänzen. In einem normalen Unternehmen gibt es grundsätzlich drei unterschiedliche Rollen: Die des Facharbeiters, die des Managers und die des Unternehmers.

Der Facharbeiter ist der Macher. Er reagiert auf Ereignisse, auf Dinge, die zu tun sind. Wenn etwas ansteht, macht er es selbst. Er lebt in der Gegenwart und Visionen und neue Ideen sind ihm suspekt. Feste Regeln engen ihn ein. Er ist glücklich, wenn er Aufgaben und Probleme lösen kann – am besten auf dem schnellsten und direktesten Weg. Leider gibt es den Manager, der ihm Regeln vorgibt und den Unternehmer, der ihm mitten in der Arbeit eine andere Aufgabe zuweist.

Der Manager ist derjenige, der Ordnung schafft. Dafür schafft er Systeme. Arbeit ist für ihn, ein System zu schaffen und zu steuern, innerhalb dessen Aufgaben optimal gelöst werden können. Er ist glücklich, wenn sein System funktioniert. Leider gibt es den Facharbeiter, der immer alles anders macht und den Unternehmer, der seine Systeme mit neuen Ideen aus dem Takt bringt.

Der Unternehmer ist derjenige, der neue Visionen entwickelt. Er ist der Träumer und die Energie hinter allem. Er lebt in der Zukunft und hat, wie Michael Gerber es so schön ausdrückt, folgende Weltanschauung: ‚eine Welt, die aus zwei Dingen besteht – einer Fülle von Gelegenheiten und sich dahinschleppenden Füßen.' Er ist glücklich, wenn er Träume verwirklichen kann – oder verwirklichen lassen kann. Leider gibt es für den Unternehmer immer die sich dahinschleppenden Füße der Facharbeiter und Manager.

Wenn wir diese Erkenntnisse nun wieder auf unser Franchisesystem übertragen, so stellen wir fest, dass die bisherigen Beteiligten nur die Facharbeiter waren: Die Partner kümmern sich um die Kunden. Und die Zentrale macht die Facharbeit der Zentrale, nämlich die Kunden der Zentrale zu betreuen. Es gab niemanden, der Systeme schuf oder diese optimierte. Es gab niemanden, der eine Richtung bestimmte. Wir brauchen also noch weitere Rollen, die von außen auf das System einwirken. Wir brauchen neben dem Facharbeiter noch die Rolle des Managers und die des Unternehmers. Diese beiden Rollen sind im nachstehenden Bild in dem Kreis rechts oben dargestellt.

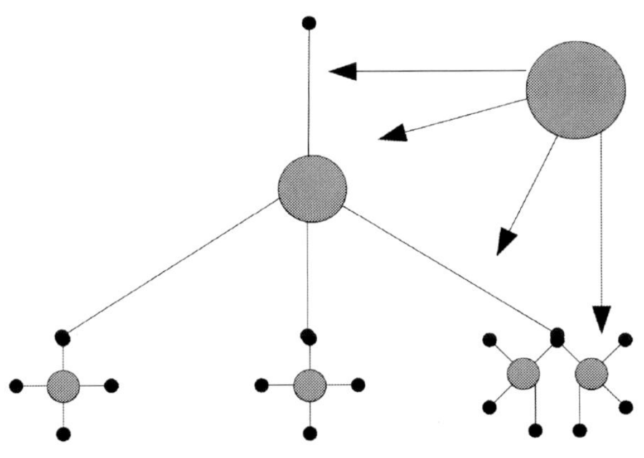

Das Problem ist: Sie brauchen alle Rollen in Ihrem Unternehmen – und diese Rollen widersprechen sich. Sie können deshalb niemals alle Rollen gleichermaßen gut ausfüllen. Die Phasen, in denen Sie mehrere dieser Rollen ausfüllen, sollten eine klare Ausnahme bilden.

Ich möchte es nochmals bildlich ausdrücken: Sie befinden sich in einem Dschungel. Dann benötigen Sie Leute, die mit Ihren Macheten den Weg frei räumen – die Facharbeiter. Zudem benötigen Sie Leute, die die Arbeit einteilen, so dass niemand zu sehr ermüdet, aber trotzdem alle vorwärts kommen. Diese Personen überprüfen auch, ob einzelne Facharbeiter effektiver sind und warum dies so ist. Schließlich bringen Sie den anderen die Optimierungen bei. Das sind die Manager. Und dann gibt es noch einen, der oben im Baum sitzt und herunter ruft: ‚Hört mal zu, Jungs und Mädels, wir sind im falschen Wald.' Das ist der Unternehmer. Sie können nicht zur gleichen Zeit den Weg frei hacken, die Arbeit einteilen und auf dem Baum sitzen.

Oder noch ein weiteres Beispiel: Nehmen Sie die Handbucherstellung einerseits und die Verkaufstätigkeit andererseits.

Ein Verkäufer reagiert (hoffentlich), wenn ein Kunde den Laden betritt. Er ist (hoffentlich) stolz auf seine Kompetenz, auf Kundenwünsche eingehen zu können. Seine Fähigkeit, etwas zu verkaufen und den Kunden zufrieden zu stellen, ist Teil seiner Identität. Er ist glücklich, wenn der Kunde möglichst hohen Umsatz (Deckungsbeitrag) bringt und wenn der Kunde wieder kommt.

Bei der Handbucherstellung hingegen haben Sie (fast) keinen externen Anlass, sondern machen sich von sich aus an die Arbeit. Ihr Ziel ist es, ein optimales Verkaufssystem zu entwickeln, das alle Verkäufer anwenden können. Es macht Sie glücklich, wenn das System perfekt funktioniert und alle das System anwenden. Leider haben Sie die Rechnung ohne den Verkäufer gemacht: Seine individuelle Fähigkeit, zu verkaufen wird nun in ‚eine Form gepresst'. Er wird zum ‚Teil des Systems' degradiert. Und deswegen wird er den Handbuchersteller sabotieren. Und er wird sich denken, dass der Handbuchersteller erst mal arbeiten und richtigen Umsatz machen solle.

Während Verkäufer und Handbuchersteller noch am Streiten sind, kommt einer Ihrer Franchise-Partner und übernimmt (unglücklicherweise) unternehmerische Aufgaben, indem er auch preiswerte Weine ins Angebot nimmt. Wenn Sie das akzeptieren würden, müsste natürlich das Verkaufssystem im Handbuch angepasst werden, weil preiswerte Weine anders als exklusive Weine verkauft werden müssen. Da sich der Handbuchersteller sperrt, sein schönes System umzubauen, wendet sich der Partner direkt an seine Verkäufer und verwirrt diese mit seiner neuen Idee bei der Arbeit. Der Verkäufer denkt sich darauf hin, dass dieser Franchise-Partner vielleicht besser mal arbeiten solle.

Das heißt, alle diese Tätigkeiten unterscheiden sich durch den Anlass, warum sie ausgeführt werden, durch das Ziel, durch das, was eigentlich als Arbeit verstanden wird, durch die Arbeitsweise und durch das Ergebnis. Und leider unterscheiden sich diese Tätigkeiten nicht nur, sondern widersprechen sich auch, wie wir eben gesehen haben. Was dem einen als Arbeit erscheint, erscheint dem anderen nicht als Arbeit. Was für den einen wichtig ist, hat für den anderen keine Bedeutung. Was für den einen wertvoll ist, ist für den anderen lästig.

In einem Franchisesystem haben Sie sogar sechs Rollen, weil sich diese drei Rollen nochmals in der Zentrale duplizieren. Insofern ist ein Franchisesystem die komplexeste Unternehmensform, die Sie sich als Gründer antun können. Und die meisten Franchisegeber versuchen alle sechs Rollen gleichzeitig und mit gleicher Qualität auszufüllen.

Sie hatten doch letzten Mittwoch die Liste mit Ihren täglichen Aktivitäten erstellt. Bitte nehmen Sie sich diese noch einmal vor und überprüfen Sie, welche Ihrer Aufgaben in welche Kategorie fällt."

Peter Brenner zog seine Liste nochmals heraus und kennzeichnete alle dort verzeichneten Tätigkeiten mit den Kürzeln F= Facharbeiter, M= Manager, U= Unternehmer, Z-F= Zentrale-Facharbeit, Z-M= Zentrale-Manager und Z-U= Zentrale-Unternehmer.

Peter Brenner machte sich an die Arbeit. Nach kurzer Zeit blickte er fragend auf: „Ich kann fast nur F und Z-F vergeben. Habe ich das Konzept noch nicht verstanden?"

„Zeigen Sie mal her." Auf Peter Brenners Liste stand:

F=	Buchhaltung, Verkauf, Schaufenster-Dekoration, Anzeigenschaltung, Finanzen und Behörden, Inventur ...
M=	Einstellung von Mitarbeitern
U=	Ideen der lokalen Kundenansprache
Z-F=	Einkauf, Partner-Betreuung, Partner-Gewinnung, Partner-Schulung, Pressearbeit ...
Z-M=	Mitarbeiter einstellen und einarbeiten, Handbucherstellung
Z-U=	?

„Gut, Herr Brenner, Sie haben das Konzept durchaus verstanden. Sie haben festgestellt, dass Sie im Wesentlichen Facharbeiter-Aufgaben ausgeführt haben."

„Ja, richtig. Und Sie meinen, ich solle mehr Management und Unternehmer-Aufgaben ausführen? Ich habe gerade während Sie sprachen aufgelistet, welche Tätigkeiten das vielleicht noch sein könnten. Sehen Sie?"

Z-M=	Systeme für Partnerbetreuung, -schulung und –gewinnung schaffen
Z-U=	Marketing-Konzepte, Visionsentwicklung, Anregung zur Entwicklung und Anpassung der Systeme, Strategie

„Ja, damit kämen wir schon mal weiter. Wir sind aber mit dem Facharbeiter noch nicht ganz fertig. Schauen Sie: Sie haben Ihr Unternehmen und Ihr Franchise-System als Facharbeiter gegründet. Es geht überhaupt nicht anders – solange Sie nicht genügend Startkapital haben oder mit einem Team mit fester Rollenverteilung starten. Da die meisten Unternehmen aber mit geringem Startkapital gegründet werden und bei Gründungen durch ein Team praktisch alle irgendeine Facharbeit übernehmen, ist es bei den meisten Unternehmen wie bei Ihnen.

Zu Beginn betrachten Sie Ihr Unternehmen mit der Facharbeiter-Brille. Deshalb erscheinen Ihnen die wichtigen Dinge als unwichtig. Noch mehr, die wirklich wichtigen Dinge erscheinen Ihnen noch nicht einmal als produktive Arbeit.

Sie sind nun guter Facharbeiter und haben Ihr neues Unternehmen. Sie tragen Ihr Facharbeiterbewusstsein mit sich herum und beurteilen alle anfallenden Tätigkeiten mit dem Facharbeiter-Blick. Danach ist z.B. Verkaufen produktive Arbeit. Und einen neuen Franchise-Partner zu gewinnen ist auch produktive Arbeit: er bringt Umsatz in der Zentrale. Ein Handbuch zu schreiben, ist unter diesem Blickwinkel keine produktive Arbeit, einen neuen Mitarbeiter einzustellen ist keine produktive Arbeit, und eine Vision zu entwickeln erst recht nicht. Da zu Beginn eines Unternehmens immer zu viel zu tun ist, wird das gemacht, was als Arbeit erscheint und das ist die Arbeit für den Facharbeiter.

Ich möchte, dass Sie nun einige Fragen beantworten. Sie hatten mir letzte Woche erzählt, dass Sie samstags in Ihrem Stuttgarter Pilotbetrieb verkaufen. Richtig?"

„Ja. Samstags ist immer am meisten Andrang und eine Verkäuferin hat ein Kind im Schulalter und das ist samstags natürlich zuhause."

„OK", entgegnete ich. „Sie hatten also ein Problem, nämlich das Missverhältnis zwischen Andrang und Verkäufer-Präsenz. Und das Problem haben Sie gelöst. Welche Ihrer drei Rollen hat Ihnen die Lösung eingeflüstert?"

„Das war wohl die Fachkraft. Aber ich muss doch die Kunden bedienen. Ich muss doch dafür sorgen, dass sie nicht zu lange warten müssen und dann womöglich frustriert gehen."

„Ja, natürlich, das müssen Sie. Aber die Frage ist: Wie? Was hätte wohl der Manager in dieser Situation getan?"

Peter Brenner dachte kurz nach: „Er hätte wohl versucht, eine andere Verkäuferin zu finden."

„Genau! Und wenn es ein guter Manager ist, hätte er natürlich bis er sie gefunden hat, die Rolle der Fachkraft übernommen, damit die Kunden bedient werden. Aber wenn er ein guter Manager ist, dann hätte diese Doppelbelastung nicht lange gedauert. Außerdem hätte er ein System entwickelt, das ihm erlauben würde, in Krisensituationen schnell auf weitere Verkäuferinnen zurück zu greifen. Damit wäre dieses Problem auch für die Zukunft ausgeschaltet.

Und was hätte wohl der Unternehmer getan?"

Peter Brenner dachte nach, schwieg und zuckte schließlich die Schultern: „Keine Ahnung."

„Der Unternehmer hätte die Chance im Problem gesucht. Wenn es ein guter Unternehmer ist, hätte er natürlich zuerst die Aufgaben der Fachkraft und des Managers ausgeführt. Aber dann hätte er festgestellt, dass samstags offensichtlich mehr Menschen kommen als unter der Woche. Er würde herausfinden, warum das so ist. Ob sich die Kunden am Wochenende von den anderen Kunden unterscheiden. Er würde die Kunden befragen und die Verkäuferinnen. Er würde beobachten. Für die Fachkraft sieht das von außen so aus, als wenn der Chef faulenzen würde – deshalb verbietet dies normalerweise schon die Fachkraft-Rolle im Chef.

Jedenfalls würde der Unternehmer dann darüber nachdenken, ob er seinen Kunden unter der Woche denselben Nutzen bieten kann wie samstags. Oder ob er samstags noch weitere Leistungen anbieten kann, um noch mehr Menschen in seinen Laden zu lotsen. Oder ob er beispielsweise, wie der geniale Unternehmer Gottlieb Duttweiler das eine Zeit lang betrieb, den Käufern, die am umsatzschwächsten Tag im Monat einkauften, nachträglich eine Rückvergütung anbot, was dazu führte, dass die Käufer selbst in der Hoffnung auf die Rückvergütung einen Ausgleich im Kaufverhalten erzeugten und die Kundenfrequenz anstieg. Viele dieser Ideen wären sicherlich Unfug, aber einige Ideen würden dazu dienen, das Business weiter zu entwickeln."

Peter Brenner nickte nachdenklich: „Langsam verstehe ich, womit Sie die 25 Stunden, die ich letzten Mittwoch frei geräumt habe, füllen wollen."

„Ja, aber selbst wenn Sie wie jetzt erkennen, dass die Arbeiten des Managers und des Unternehmers wichtig sind, erleiden Sie in Krisensituationen fast immer einen Rückfall: Sie machen dann das, was Sie können und wobei Sie sich am sichersten fühlen. Ihr Stolz auf Ihre Facharbeiterkompetenz wird Sie automatisch zurück zur Rolle des Facharbeiters führen. Nur leider werden Sie mit dieser Rolle keine einzige Krise meistern. Lediglich ihr Hamsterrad wird sich einige Zeit schneller drehen – bis Sie oder Ihr Hamsterrad zusammen brechen. Wie sagte schon Einstein: Sie können ein Problem nicht auf der Ebene lösen, auf der es entsteht.

Dieser Rückfall wird übrigens umso schlimmer sein, je besser Sie als Facharbeiter sind. Die mittlerweile allgemein übliche Empfehlung, bei der Wahl seiner Tätigkeit von den eigenen Stärken auszugehen, ist zwar durchaus richtig, führt jedoch bei Unternehmern an den Wendepunkten von einer Rolle zur anderen zu massiven Problemen.

Wir sind jetzt bei zwei zentralen Fragen angelangt:

Erstens: Wenn Sie als Facharbeiter ein Unternehmen gründen und Ihre Rollen im Laufe der Zeit wechseln und diese Rollen jeweils völlig andere Denkstile voraussetzen: Wie schaffen Sie dann die Rollenwechsel?

Und zweitens: Was ist eigentlich Ihre Aufgabe als Unternehmer? Erst wenn Sie Ihre Aufgabe kennen, können Sie sie überhaupt vernünftig ausführen.

Machen wir zuerst einen kleinen Spaziergang und beginnen wir dann mit der zweiten Frage."

Während des kurzen Spaziergangs durch die Felder in der Nähe des Schindlerhofs tankten wir noch mal richtig Energie für die nächsten Schritte. Peter Brenner war dabei sehr schweigsam.

Arbeit AM statt IM Unternehmen

Nachdem wir wieder zurück waren und noch je eine Latte Macchiato bestellt hatten, fuhr ich fort: „Die Kernidee hinter der Aufgabe eines Unternehmers hat der Experte für kleine und mittlere Unternehmen Michael Gerber besser als jeder andere vor oder nach ihm, in einem Satz zusammen gefasst:

Die Aufgabe eines Unternehmers ist nicht IM sondern AM Unternehmen zu arbeiten.

Klaus Kobjoll, der Besitzer dieses Hotels sagt übrigens, dass Sie allein durch Anwendung des Grundsatzes, nicht IM, sondern AM Unternehmen zu arbeiten, 1000 mal erfolgreicher sein werden."

„Ja, ist mir auch schon aufgefallen, dass dieses Hotel etwas ganz Besonderes ist" warf Peter Brenner ein.

„Deswegen sind wir unter anderem auch hier. Klaus Kobjoll ist mit Sicherheit einer der innovativsten Unternehmer in Deutschland und hat schon so viele nationale und internationale Unternehmerpreise gewonnen, dass seine Mitarbeiter nicht einmal mehr zu Preisverleihungen mit fahren möchten. Aber dazu später mehr.

Als Sie angefangen hatten, waren Sie Ihr Unternehmen. Das ist OK. Aber wenn Sie wachsen, dann stehen Sie vor dem Problem, dass ein Unternehmen in der Leistungsfähigkeit beliebig wachsen kann. Sie können das aber nicht. Entweder werden Sie dann wieder klein oder Ihr Unternehmen implodiert oder Sie explodieren. Einen weiteren Weg gibt es nicht, solange Sie mit Ihrem Unternehmen identisch sind. Deswegen müssen Sie Ihre Identität wechseln. Und das ist schmerzhaft und selten einfach.

Sie sind dann nicht mehr der, der im Laufrad ist und dies mit seiner Kraft antreibt, sondern Sie werden der, der das Laufrad konstruiert.

Wenn wir nochmals zu unserer Abbildung mit den ‚Ärmchen' zurückkommen. Vielleicht hatten Sie ein gewisses Unwohlsein verspürt und den Eindruck, dass da irgendetwas nicht stimmen könne. Wenn das richtig wäre, könnte ja kein Unternehmen groß werden."

„Ja, richtig. Ich hätte es nicht so ausdrücken können, aber irgendetwas störte mich daran." bestätigte Peter Brenner.

„Der Punkt ist, dass Sie, wenn Sie AM System arbeiten, Einfluss auf den Kommunikationsbedarf und den Kommunikationsdurchsatz haben. Je klarer bestimmte Abläufe sind, desto weniger müssen Sie sich darüber unterhalten. Je besser Ihre Kommunikationssysteme, desto schneller und effektiver gestaltet sich die Kommunikation. Wenn der Kommunikationsbedarf mit jedem einzelnen Partner sinkt und zudem die verbleibende Kommunikation effektiver wird, haben Sie mehr Kapazitäten frei, um weitere Partner zu bedienen. Die Voraussetzung des Modells, dass Sie nur eine bestimmte Anzahl von Partnern bedienen können, stimmt also nur dann, wenn Sie ausschließlich IM Unternehmen arbeiten und das System unverändert bleibt."

„Ja, jetzt verstehe ich das!" freute sich Peter Brenner. „Das heißt, ich habe, wenn ich möchte, dass mein Unternehmen über eine gewisse Größe hinaus wächst, gar keine andere Wahl, als AM System zu arbeiten und meine Identität zu ändern."

„Ja, genau! Wichtig ist zu ergänzen, dass Sie damit nicht früh genug anfangen können. Am Besten vor der Gründung! Wenn Sie erst einmal eine Größe wie beim ‚Weinkenner' erreicht haben, haben Sie überhaupt nicht mehr die Kapazitäten, um AM System zu arbeiten. Und sich diese Kapazitäten zu schaffen ist dann immer schmerzhaft, wie Sie selbst erlebt haben."

„Sie meinen, ich hätte mein Unternehmen anders gründen können und hätte gar nicht in diese Situation kommen müssen?“ fragte Peter Brenner etwas konsterniert. „Wieso haben mich die Gründungsberater nicht darauf hingewiesen?“

„Was soll ich dazu sagen?“ zuckte ich resigniert die Achseln „Vermutlich weil Gründungsberater keine Unternehmer sind und das deshalb nicht besser wissen.

Aber lassen Sie uns weiter machen. Sie haben – wie wir vorher schon besprochen hatten – zwei Rollen, um AM Unternehmen zu arbeiten: den Manager und den Unternehmer. Erfahrene Unternehmer wie z.B. Bodo Schäfer mit seinen acht Unternehmen empfehlen deshalb sogar, diese Rollen auch in der Person zu trennen. Sie stellen einen Geschäftsführer an, der die Manager-Aufgaben wahrnimmt. Dann können Sie sich ausschließlich auf die Unternehmeraufgaben konzentrieren.

So weit sind wir beim ‚Weinkenner‘ aber noch nicht. Das heißt, dass Sie eine Zeit lang noch beide Aufgaben wahrnehmen müssen. Zuerst kümmern wir uns um die Unternehmeraufgaben. Zuerst als Manager ein System zu entwickeln, das keine Vision und Richtung hat, wäre wenig sinnvoll.“

Der Zweck eines Unternehmens

„Ein Unternehmer arbeitet AM Unternehmen. Aber welche Aufgabe und welchen Zweck haben eigentlich Unternehmen? Wie kann man an einem Unternehmen arbeiten, wenn man dessen Zweck nicht kennt?“

„Aber wird das alles jetzt nicht zu abstrakt?“, warf Peter Brenner ein. „Das ist doch klar: Mein Unternehmen hat den Zweck, dass ich davon leben kann und dass ich Gewinne mache.“

„Ganz so einfach ist es leider nicht: Prinzipiell gibt es hier vier unterschiedliche Ansätze.

Erstens wie von Ihnen gesagt und auch allgemein am häufigsten genannt: Der Zweck der Unternehmen sei es, Gewinne zu erzielen und das Vermögen der Anteilseigner oder Besitzer zu mehren. Dieses Konzept ist die Basis des vor allem in den USA verbreiteten Konzepts des Shareholder Value. Dieses Konzept ist die Basis der gesamten klassischen Betriebswirtschaft, die gemäß dem Zweck die Gewinne zu erhöhen, eine Vielzahl finanzieller Kennzahlen entwickelt hat und mit den zwei Strategien Umsatzsteigerung oder Kostensenkung arbeitet.

Zweitens und vor allem in Deutschland fast im Grundgesetz verankert: Der Zweck der Unternehmen sei es, Arbeitsplätze zu schaffen. Ein gutes Unternehmen ist das, das möglichst viele Arbeitsplätze schafft."

„Ja, Arbeitsplätze schaffen natürlich auch...", warf Peter Brenner ein.

„Drittens: Der Zweck eines Unternehmens ist es, seinen Kunden einen optimalen Nutzen oder Wert zu bieten bzw. seine Probleme zu lösen. Diese Haltung wird vor allem von Unternehmen im Umfeld der engpasskonzentrierten Strategie, der EKS, aber auch von Managementgrößen wie Peter Drucker und anderen propagiert."

„Ja, den Kunden etwas bieten natürlich auch...", stimmte Peter Brenner zu.

„Womit wir beim vierten Ansatz angekommen wären", lächelte ich: „Wie immer im Leben gibt es einige, die sich nicht entscheiden können und so wurde schon in den 20er Jahren des letzten Jahrhunderts das Konzept der Stakeholder eingeführt, das zu den obigen drei Gruppen (Investoren, Mitarbeiter, Kunden) noch die Lieferanten, Banken, Berater, die Öffentlichkeit und weitere hinzufügt und feststellt, dass der Zweck eines Unternehmens sei, es möglichst allen recht zu machen. Der Punkt ist: ‚Everybodies darling is everybodies Depp'. Das gilt auch hier.

Von einem mehr systematischen Blickwinkel aus gesehen gibt es glücklicherweise eine klare Entscheidung für eines dieser Konzepte: ob ein Unternehmen Gewinne macht oder (in Form einer schwarzen Null) keine Gewinne macht, ist nicht entscheidend – die meisten kleinen und mittleren Unternehmen machen keine Gewinne. Ob ein Unternehmen Mitarbeiter einstellt oder entlässt ist zwar für diese Mitarbeiter relevant, aber es ändert nichts am Unternehmen selbst. Aber ein Unternehmen, das seinen Kunden keinen Nutzen bietet, hört auf zu existieren!

Um sich dies vorzustellen, genügt oft eine Reduktion der Komplexität. Stellen wir uns ein abgeschiedenes Dorf vor 2000 Jahren vor. Dort arbeitet ein Schmied. Dieser stellt für die anderen Bewohner Sensen her. Da sie diese für den Ackerbau benötigen, ist der Schmied wichtig und angesehenes Mitglied der Gesellschaft und wird entsprechend als Folge mit Vieh oder Getreide entlohnt. Das Dorf wächst und mehr Bauern benötigen mehr Sensen. Nun stellt der Schmied einen Gehilfen ein und gibt diesem einen Teil seiner Entlohnung ab. Die Reihenfolge ist völlig klar: erst gute Sensen, dann gute Entlohnung, dann mehr Mitarbeiter. Der Schmied käme nicht auf die Idee, einen Gehilfen anzustellen, um hunderte von Hämmern zu produzieren, die keiner benötigt. Der Schmied würde für einen ganzen Schuppen voller unnötiger Hämmer auch keine Entlohnung in Form von Vieh oder Getreide erwarten können.

Auch wenn sich mittlerweile eine eigene Gruppe von Investoren bzw. Banken herausgebildet hat, die dafür, dass sie dem Schmied einen Amboss zur Verfügung stellen, Anteile an Getreide und Vieh haben wollen, so ändert sich doch nichts am Zweck des Unternehmens Schmiede. Durch die Rollentrennung bleiben den Investoren lediglich die Zusammenhänge verschleiert. Auch wenn viele Mitarbeiter gerade in großen Unternehmen noch nie einen Kunden gesehen haben und deshalb gar nicht auf die Idee kommen, dass ihr Arbeitsplatz irgendwie davon abhängig sein könnte, ob der Kunde zufrieden ist, so ändert sich nichts am Zweck des Unternehmens Schmiede.

Nebenbei ergeben sich Gewinne und Arbeitsplätze von alleine, wenn der Wert oder Nutzen für den Kunden drastisch gesteigert wird – wie schon Wolfgang Mewes und viele andere theoretisch gezeigt und Kärcher, Würth und viele andere Unternehmen praktisch bewiesen haben.

Es ist also eine Frage von Ursache und Folge. Versuchen Sie einmal die drei Ziele: Kunden einen Nutzen zu bieten, Gewinne zu machen und Arbeitsplätze zu schaffen in einen anderen Ursache-Folge-Zusammenhang zu bringen.

Zum Beispiel: ‚Wenn Sie als Unternehmer Gewinne machen hat der Kunde einen höheren Nutzen' – ist offensichtlich völliger Unfug. ‚Wenn Sie Arbeitsplätze schaffen, machen Sie höhere Gewinne' ist ebenso offensichtlicher Unfug. Die einzig mögliche Reihenfolge ist: ‚Wenn Sie den Nutzen für die Kunden erhöhen, kaufen diese mehr bei Ihnen ein. Deshalb steigen die Gewinne und deshalb benötigen Sie mehr Mitarbeiter.'

Der primäre Zweck eines Unternehmens ist, die Bedürfnisse seiner Kunden zu befriedigen. Die Kernaufgabe des Unternehmers ist, dafür zu sorgen, dass das Unternehmen diesen Zweck optimal erfüllt. Gewinne und Arbeitsplätze sind die Folge, wenn diese Aufgabe gut ausgeführt wird, aber niemals das Ziel.

Wenn das Unternehmen nun den Zweck hat, die Bedürfnisse der Kunden zu befriedigen und die Probleme der Kunden zu lösen, dann ist es die Kernaufgabe des Unternehmers, dafür zu sorgen, dass das Unternehmen diese Aufgabe optimal erfüllt.

Sie haben nun einen weiten Weg zurückgelegt:

1. Sie haben erkannt, dass Sie als Facharbeiter an eine Grenze stoßen.

2. Diese Grenze können Sie überwinden, wenn Sie die Ebene wechseln.

3. Der Wechsel der Ebene besteht darin, AM Unternehmen statt IM Unternehmen zu arbeiten.

Um AM Unternehmen arbeiten zu können, müssen Sie wissen, was die Aufgabe eines Unternehmens eigentlich ist, denn ohne diese Klarheit können Sie nicht erfolgreich AM Unternehmen arbeiten.

Das Ergebnis war: Die Aufgabe eines Unternehmens ist, dem Kunden einen Nutzen oder Wert zu bieten. Arbeitsplätze, Gewinne (oder gar glückliche Lieferanten, Banken usw.) sind eine Folge davon.

Jetzt bleiben zwei wichtige Fragen:

- Welche Kunden hat eigentlich ein Franchisesystem?
- Und was stellt für diese Kunden einen Nutzen oder Wert dar?

Haben wir hierfür Antworten gefunden, dann wissen wir, was die Aufgabe des Unternehmers ist: Nämlich so AM Unternehmen zu arbeiten, dass es diese Werte erzeugt. Aber machen wir erst mal eine Pause und essen zu Mittag."

Die Kunden des Franchisesystems

Nach einem köstlichen Mittagessen und einem kurzen Verdauungsspaziergang fuhr ich fort: „So, Herr Brenner, jetzt wollen wir uns damit beschäftigen, wer eigentlich die Kunden eines Franchisesystems sind. Insgesamt gibt es drei verschiedene Sorten von Kunden."

„Drei?" fragte Peter Brenner. „Die Endkunden als erste Sorte von Kunden sind klar. Der Franchise-Partner als Kunde des Systems auch. Meinen Sie vielleicht noch die eigenen Mitarbeiter? Nein, dann wären wir ja wieder bei den Stakeholdern und denen, die sich nicht entscheiden können. Richtig?"

„Ja, richtig. Ich verstehe unter Kunden ausschließlich die Person, die bei einem Austauschverhältnis Ware/Dienstleistung gegen Geld die Ware oder Dienstleistung entgegennimmt und dafür Geld bezahlt. Die inflationäre Verwendung des Kundenbegriffs gerade in der Managementliteratur können Sie vergessen. Es trägt nur zur Verwirrung bei, den Mitarbeiter als Kunden der Führung zu beschreiben oder den Lebenspartner als eigenen Kunden zu verstehen. Vielleicht können Sie einzelne Konzepte übertragen. So mag es vielleicht einzelne Menschen geben, die zur Verwaltung ihrer Liebhaber ein CRM-System benötigen könnten. Aber das Verhältnis ist kein Tauschverhältnis Ware gegen Geld.

Auch die Mitarbeiter bezahlen ihre Führung nicht dafür, dass sie geführt werden, also sind sie keine Kunden. Wenn man in diesem Zusammenhang überhaupt von Kunden sprechen kann, dann höchstens in dem Sinne, dass das Unternehmen sowohl Kunde der Führung als auch der Mitarbeiter ist: beide bieten eine Leistung und werden vom Unternehmen dafür bezahlt.

Vielleicht interessiert es Sie, wodurch diese inflationäre Verwendung entstanden ist. Bis Ende der 80er Jahre hatten große Unternehmen im Wesentlichen funktionale Abteilungen. Diese arbeiteten bestenfalls einander zu und führten normalerweise Krieg gegeneinander. Dann wurden mit dem Business Process Reengineering Anfang der 90er Jahre Prozesse eingeführt. Ein Prozess hat immer einen Kunden und führt vom Ablauf durch die Abteilungen hindurch. Z.B. ist ein Bestellvorgang eines Kunden ein Prozess, der mit dem ersten Kontakt beginnt, gegebenenfalls diverse Angebote umfasst, schließlich den Auftrag, die Herstellung, die Auslieferung, die Fakturierung, das Mahnwesen und den Service oder Support. Die Bestellung läuft durch unterschiedliche Abteilungen, aber letztlich arbeiten alle am selben Vorgang.

Prozesse sollten mehr Effektivität bringen. Prozesse hätten jedoch eine Umorganisation der Abteilungen in Prozesseinheiten bedeutet. Das konnten die Abteilungen natürlich nicht mit sich machen lassen, da dann der Besitzstand gefährdet worden wäre. Daraufhin wurde die geniale Erfindung des

‚Internen Kunden' entwickelt. So kann man die Abteilungen bestehen lassen und trotzdem so tun, als ob man Prozesse hätte. Der Versand wird so zum internen Kunden des Lagers oder die Fakturierung zum internen Kunden des Vertriebs usw.

Die inflationäre Verwendung des Kundenbegriffs ist also im Wesentlichen ein Trick, um die Abteilungen in Großunternehmen bestehen lassen zu können und die eigenen Pfründe zu sichern. Diesen Mist müssen Sie als kleines Unternehmen nicht mitmachen."

„OK, verstanden. Aber wer ist jetzt der dritte Kunde?" fragte Peter Brenner neugierig.

„OK, also der dritte Kunde. Sie werden nicht ewig arbeiten. Vielleicht möchten Sie auch irgendwann etwas anderes machen. Jedenfalls gibt es auf lange Sicht nur zwei Alternativen: Sie werden Ihr Unternehmen an irgendjemandem übergeben oder Sie werden gemeinsam untergehen."

„Ja, aber das ist doch jetzt unwichtig. Das liegt doch noch mindestens zwei Jahrzehnte in der Zukunft." warf Peter Brenner ein.

„Zwei Jahrzehnte ist schon besser als zwei Wochen wie bisher" grinste ich, „aber ganz so unwichtig ist das nicht. Es gibt mehrere entscheidende Punkte. Der Wichtigste ist, dass unabhängig davon, ob Sie die Firma an einen externen Käufer des Unternehmens, an einen internen Nachfolger oder ein jüngeres Familienmitglied übergeben, Ihr Unternehmen ohne Sie funktionieren muss. Sonst ist Ihr Unternehmen nichts wert. Und ob Sie Ihr Unternehmen so aufbauen, dass sich alles um Sie als den Mittelpunkt der Welt dreht oder ob Sie ein System schaffen, das diesen Mittelpunkt – unabhängig von Ihnen – bildet, ist eine Entscheidung, die zu Beginn des Unternehmens getroffen wird.

Sie könnten nur mit größter Mühe eine Struktur, die sich um Sie dreht, in einem gewachsenen Unternehmen so revolutionieren, dass es auf einmal ohne Sie gehen soll. Zumal Sie das, wenn Sie einmal den Mittelpunkt darstellen, meist auch gar nicht wollen: Das hat nämlich durchaus auch angenehme Seiten für das eigene Ego."

„OK, aber die anderen beiden Kunden sind doch wichtiger."

„Ja, aber nur insofern als die ersten beiden Kunden die Voraussetzung darstellen, um überhaupt ein Unternehmen zu betreiben. Ansonsten ist es, wie wir gesehen haben, die Aufgabe des Unternehmers, AM System zu arbeiten. Damit steigt der Wert des Systems und der einzige, der sich für den Wert des Gesamtsystems interessiert, ist Kunde Drei. Nur Kunde Drei interessiert sich dafür, ob Sie Ihre Aufgaben als Unternehmer wahrnehmen.

Das Fatale daran ist: Betrachten Sie Ihr Unternehmen mit der Facharbeiter-Brille, dann sehen Sie den Kunden Drei überhaupt nicht. Weil er nämlich noch nicht da ist. Wenn das Denken ereignisgesteuert ist, dann fängt der Denk- und Handlungsprozess überhaupt nicht an, solange das Ereignis noch nicht eingetreten ist.

Um sicherzustellen, dass Sie Ihren Job als Unternehmer ausfüllen, brauchen Sie aber den Kunden Drei! Und zwar ein möglichst genaues Bild dieses Kunden. Gerade weil dieser Kunde nicht zu Ihnen in den Laden kommt. Noch nicht. Wenn Sie sich ausmalen, wie Sie später einmal Ihr Unternehmen Ihrem Sohn übergeben, dann werden Sie versuchen, die Struktur auf die Talente und Werte Ihres Sohnes zuzuschneidern. Sie werden das System vielleicht so aufbauen, dass der familiäre Umgangston im Vordergrund steht.

Wenn Sie sich hingegen ausmalen, Ihre Firma an ein Großunternehmen zu verkaufen, dann werden Sie eher straffe Strukturen schaffen, die klare Renditeziele befördern.

Je nachdem, wer Ihr Kunde Drei ist, werden Sie ein anderes Unternehmen aufbauen. Und Sie werden mit einem Kunden Drei von Beginn an am System arbeiten. Und das Letztere ist das Entscheidende."

Was sind Ihre Stärken?

„So, Herr Brenner, jetzt haben wir wichtige Grundlagen gelegt. Bevor wir uns dem nächsten zentralen Thema: ‚Was ist für die drei Kunden überhaupt von Wert?' widmen, möchte ich einen kleinen Einschub machen. Wir haben über vorgegebene Rollen, über die Aufgaben des Managers und Unternehmers und über die Kunden gesprochen. Das war notwendig, um überhaupt eine Orientierung zu haben. Aber letztlich ist es Ihr Unternehmen, das Sie aufbauen.

Und deshalb klären wir nun, was Sie eigentlich wollen. Nun sind Sie gefordert. Zuerst kümmern wir uns um Ihre Basis. Diese liegt in Ihren Stärken und dem, was Ihnen leicht fällt. Das ist beim Unternehmer aufgrund der Rollenwechsel nicht so entscheidend wie beim Facharbeiter: Sie werden als Unternehmer in jedem Fall ihre Grenzen überschreiten und Dinge lernen müssen, die Ihnen nicht so liegen oder die Sie noch gar nicht als Ihre Stärken erkennen konnten, weil Sie sie noch nie gemacht haben. Aber Ihre Stärken geben einen guten Hinweis darauf, wie man die Übergänge zwischen den Rollen einfacher gestalten kann, und wo es hakt.

Wir nähern uns Ihren Stärken jetzt schriftlich an. Schriftlich vor allem deshalb, weil Sie später mit den Ergebnissen weiter arbeiten werden. Aber auch, weil Sie schriftlich exakter denken können.

Ich habe Ihnen folgende einfache Fragen vorbereitet: ‚Was fällt Ihnen leicht?', ‚Was haben Sie schon immer gern gemacht?', ‚Was können Sie gut?' und ‚Was fällt Ihnen schwer?'. Die Fragen klingen bis auf die letzte sehr ähnlich, sind es aber nicht. Wenn Ihnen etwas leicht fällt, dann ist die Wahrscheinlichkeit, dass sich dahinter ein echtes Talent verbirgt, ziemlich groß. Wenn Sie etwas gut können, muss dies nicht auf Talent zurückzuführen sein, sondern kann einfach bedeuten, dass Sie etwas über Jahre hinweg gemacht haben. Wenn Ihnen etwas Spaß macht und Sie es gerne machen, muss das noch lang nicht heißen, dass Sie es auch gut machen. Und es muss auch nicht heißen, dass Sie echtes

Talent dazu haben. Die Fragen zielen also jeweils auf eine andere Perspektive.

Schreiben Sie zuerst alles auf, was Ihnen einfällt. Geschichten aus der Kindheit, aus dem Privaten, aus der Schule. Wenn Sie pro Frage mindestens 25 Punkte haben, versuchen Sie die wichtigsten herauszufiltern. Maximal fünf.

Da das eigene Selbstbild nicht unbedingt sonderlich nahe an der Realität liegen muss, sollten Sie diese Fragen auch Vertrauten in Ihrem Umfeld stellen. Manchmal kommen dabei sehr überraschende Stärken zutage, die Sie nicht gesehen haben, weil Ihnen diese Fähigkeit so ‚normal' erschien. Bitte rufen Sie also auch jemanden an, der Sie gut kennt und stellen ihm oder ihr dieselben Fragen. Ergänzen Sie diese Antworten dann in Ihrer Liste.

Ich lasse Sie jetzt eine dreiviertel Stunde allein und in Ruhe arbeiten."

Peter Brenner bestellte sich noch einen Kaffee und machte sich konzentriert an die Arbeit. Als ich eine dreiviertel Stunde später zurückkam, zeigte er mir Folgendes:

Was fällt Ihnen leicht?

- Ich kann schnell und gut Kontakt mit anderen Menschen herstellen.
- Ich bin tatkräftig. Wenn irgendwo ein Problem auftaucht, dann löse ich es sofort.
- Ich kann längerfristige Freundschaften aufbauen.
- Ich kann mir zu bestimmten Themenbereichen sämtliche Details und Geschichten merken.
- Ich kann gut verkaufen.

Was haben Sie schon immer gern gemacht?

- Als Kind habe ich gerne Dinge gesammelt. Zum Beispiel Bilder von Fußballspielern. Ich wusste alles über sie.

Wenn sich meine Freunde dann über Fußball unterhielten, musste ich immer dabei sein.

- In der Schule war ich gerne Klassensprecher.
- Geschichte fand ich immer sehr spannend. Aber eher die Geschichten als die Jahreszahlen.
- Ich habe immer gerne gebastelt und Dinge repariert. Zum Beispiel an meinem Motorrad.
- Ich hab immer gern einen guten Wein getrunken. ;-)

Was können Sie gut?

- Ich kann gut verkaufen.
- Ich kenne mich bei Qualitätsweinen besser aus als alle anderen, die ich kenne.
- Ich kann gut Geschichten erzählen und meine Zuhörer mitreißen.
- Ich kann den Menschen gut zuhören.

Was fällt Ihnen schwer?

- Analytisches Denken.
- Mein Verhältnis zu Zahlen ist nicht das Beste.
- Beim Schreiben längerer Texte tue ich mich sehr schwer.
- Systematik und Organisation sind nicht meine Stärke.
- Zukunftsorientierung ist mir fremd. Die Vergangenheit ist lebendiger für mich.

„Gut, Herr Brenner!" lobte ich ihn. „Da haben Sie doch einige Stärken, um die sie viele andere Menschen beneiden."

„Ja, finden Sie?", freute sich Peter Brenner.

„Ja, in jedem Fall! Und jetzt eine weitere Frage: ‚Was erkennen Sie aus diesen Stärken?'"

„Dass ich im Weinhandel absolut richtig bin und dass meine größten Stärken im Umgang mit Menschen liegen. Und dass ich Aufgaben anpacke und nicht liegen lasse."

„Und was erkennen Sie aus Ihren Schwächen?"

„Dass gerade in den Aufgabenbereichen des Managers und Unternehmers meine Schwächen liegen." entgegnete Peter Brenner stirnrunzelnd.

„Das ist so nicht ganz richtig, Herr Brenner." erwiderte ich. „Die meisten Manager und Unternehmer, die ich kenne, haben sogar sehr viel mit Menschen zu tun – das ist Ihre Stärke. Und die, die sich vor den Menschen zurückziehen, sind eher die schlechteren Unternehmer.

Der Punkt ist einfach, dass die Tätigkeiten eines Unternehmers oder Managers so ungeheuer komplex sind, dass Sie immer auf irgendwelche Schwächen stoßen. Die Empfehlung aus der Erfolgsliteratur, vor allem auf seinen Stärken aufzubauen, ist zwar gut gemeint, aber stößt bei Unternehmern klar an ihre Grenzen.

Wir lassen die Schwächen jetzt fürs Erste einfach stehen. Wenn wir noch einige Schritte weiter sind, nehmen wir uns Ihre Schwächen nochmals vor und betrachten, welche dann überhaupt noch relevant sind. Und für die Schwächen, die noch übrig sind, finden wir eine Lösung. Wir haben hier ja mindestens eine Person am Tisch sitzen, die gut im Bereich Problemlösung ist" grinste ich.

Was sind Ihre Werte?

„Nun zum nächsten Bereich. Den Werten. Warum sind Werte entscheidend? Aus zwei Gründen.

Erstens: 70 bis 95 Prozent Ihrer Entscheidungen treffen Sie nach neueren neurologischen Forschungen weitgehend unbewusst. Und zwar ohne dass Sie überhaupt etwas davon mitbekommen. Gewohnheitsmäßig. Bestenfalls wird Ihr Bewusstsein nachträglich durch das limbische System im

Gehirn über die Entscheidung informiert. Die Entscheidungen werden auf Basis Ihres Wertesystems getroffen, das Ihren Gewohnheiten zugrunde liegt. Wenn Sie also Ihr Wertesystem nicht kennen, wissen Sie bei mindestens drei Viertel Ihrer Entscheidungen nicht wirklich, warum Sie sich so und nicht anders entschieden haben.

Zweitens: Die am längsten lebenden Organisationen und Unternehmen stehen alle für etwas. Und zwar für bestimmte Werte. Sie ziehen eine bestimmte Sorte von Mitarbeitern an, die diese Werte attraktiv finden und sie ziehen eine bestimmte Sorte von Kunden an. Sie stoßen auch eine andere Sorte von Mitarbeitern und Kunden ab. Damit gewinnen Sie über Werte Profil und Anziehungskraft und letztlich auch Erfolg.

Sie können jedoch nur dann glaubwürdig für bestimmte Werte stehen, wenn Sie diese leben; wenn Ihre Werte in Ihren Entscheidungen zum Ausdruck kommen. Und da 70 bis 95 Prozent Ihrer Entscheidungen unbewusst sind, können Sie nicht einfach ein paar hübsche Werte aussuchen und danach Ihr Unternehmen ausrichten. Das glaubt Ihnen niemand. Man sieht es an Großunternehmen: Ein Managerkomitee denkt sich ein paar hübsche Werte aus, erstellt eine Deklaration der Unternehmenswerte und wundert sich anschließend, dass diese keine Wirkung zeigt. Solange die Personen an der Spitze nicht nach diesen Werten leben – und zwar vor allem auch in dem Bereich der 70 bis 95 Prozent der gewohnheitsmäßigen Entscheidungen – werden beschlossene Werte niemals eine praktische Bedeutung bekommen. Das ist nebenbei auch ein wesentlicher Grund, warum ich ausschließlich Unternehmer coache: Diese können ihr Unternehmen nach ihren Werten ausrichten; ein Managerrädchen in einem Managerkomitee kann es nicht. Auch deshalb ist es unabdingbar, zu wissen, nach welchen Werten Sie entscheiden.

Um Ihre Werte heraus zu finden, gibt es zwei Ansätze. Wir gehen beide Wege. Der klassische Ansatz aus der Erfolgsliteratur ist, dass Sie aus dieser Liste von möglichen Werten etwa 30 Werte aussuchen, die Ihnen am wichtigsten erscheinen. Normalerweise wird Ihnen dann geraten, diese 30 Werte in ihrer Priorität zu sortieren. Das geht aber nicht. Wenn Sie z.B. die zwei Werte ‚Beharrlichkeit' und ‚Kreativität' nehmen, dann können weniger als 10 Prozent aller Menschen klar sagen, was ihnen wichtiger ist. Weil sie kein Bild vor Augen haben.

Sie brauchen also so etwas wie Erfüllungskriterien oder Verhaltensnormen. Wenn Sie z.B. sagen: ‚Beharrlichkeit ist für mich, wenn ich trotz Schwierigkeiten zu meinen langfristigen Entscheidungen stehe, wenn ich meine Ziele nicht aufgebe. Und Kreativität ist für mich, wenn mir beim Schreiben eines Briefes eine gute Formulierung einfällt.' Dann können Sie abwägen und sich fragen, was Sie unglücklicher machen würde: eine schlechte Formulierung im Brief abzuschicken oder Ihre Ziele aufzugeben. Natürlich werden fast alle Menschen sich nun für die Beharrlichkeit als wichtigeren Wert entscheiden. Wenn Sie jedoch etwas anderes darunter verstehen, wird die Entscheidung anders ausfallen.

Wenn Sie also diese 30 Werte ausgewählt haben, dann schreiben Sie dahinter, wann für Sie der Wert verwirklicht ist; was dafür gegeben sein muss oder was Sie dafür tun können. Und dann, wenn Sie diese Erfüllungskriterien oder Verhaltensnormen haben, gewichten Sie Ihre Werte. Relevant sind dann die ersten 5 oder 10 Werte. Ich lasse Sie jetzt wieder eine dreiviertel Stunde alleine."

Als ich nach einer dreiviertel Stunde wieder kam, sahen Peter Brenners Notizen so aus:

Nr.	**Wert**	**Erfüllungskriterien und Verhaltensnormen**
1.	Liebe	• wenn ich mich auf das Wohl und die Entwicklung des anderen konzentriere • wenn ich beim Anblick des anderen Herzflattern habe

		• wenn ich mich als Mensch anerkannt fühle
2.	Kontaktreichtum	• wenn ich viele Menschen kennen lerne • wenn ich einen großen Freundeskreis habe
3.	Wohlstand	• wenn ich einen Haufen Geld habe • wenn ich mir nie Gedanken machen muss, ob ich mir etwas leisten kann
4.	Selbständigkeit	• wenn ich mein eigenes Unternehmen führen kann • wenn ich meine eigenen Vorstellungen verwirklichen kann
5.	Harmonie	• wenn mich die Menschen aus meiner Umgebung mögen • wenn ich Menschen achte und immer versuche, eine ausgewogene Lösung zu finden • wenn Menschen ihr Zusammensein genießen
6.	Gesundheit	• wenn ich 3 mal pro Woche Sport treibe • wenn ich gesund esse • wenn ich leistungsfähig bin
7.	Beitrag zum Allgemeinwohl	• wenn ich dazu beitragen kann, dass Menschen zufrieden und glücklich sind

8.	Sicherheit	• wenn ich mir keine Gedanken machen muss, ob ich am nächsten Tag noch ein Dach über dem Kopf habe • wenn ich mich auf meine Frau verlassen kann
9.	Qualität	• wenn ich mich mit exklusiven Dingen beschäftigen kann • wenn ich nur die besten Materialien und Produkte einsetze und verkaufe • wenn ich mit den besten Mitarbeitern arbeite
10.	Zugehörigkeit	• wenn wir beim ‚Weinkenner' eine große Familie sind • wenn ich meine Einsamkeit als Chef loswerde.

Herr Brenner sah etwas ratlos aus. „Das war ganz schön schwer! Viele wichtige Werte wie Erfolg sind leider aus der Liste heraus gerutscht. Und bei einigen der Werte weiß ich jetzt noch nicht genau, ob die Reihenfolge richtig ist. Zum Beispiel ob Gesundheit vor oder nach der Harmonie kommt."

Ich warf einen längeren Blick auf das Blatt und nickte anerkennend: „Was Sie erstellt haben, bildet nur eine erste Richtschnur. Sie werden das im Lauf der Zeit weiter konkretisieren. Je stärker Sie dies konkretisieren, desto eher können Sie mit sich selbst im Einklang leben und desto schneller können Sie Entscheidungen treffen. Einfach weil Sie größere Klarheit haben. Aber die erste und grundsätzliche Richtung haben Sie nun festgelegt.

Für uns ist jetzt auch eher die grundsätzliche Richtung entscheidend. Ein Gedanke dazu: Wenn wir nach unseren Werten leben, ist das eine der wichtigsten Quellen für unser persönliches Glück und für unser Sinnempfinden. Wenn Sie nun vor diesem Hintergrund Ihre Werte betrachten und überlegen, nach welchem dieser Werte Sie im letzten halben Jahr gelebt haben, was entdecken Sie dann?"

Peter Brenner überflog nochmals seine Erfüllungskriterien und schüttelte traurig den Kopf: „Ich entdecke verschwendete Zeit. Es ist ja nicht ein einziges Kriterium dabei, das ich erfüllt habe..."

„Dass Sie kein Kriterium erfüllt haben, ist möglicherweise richtig – ich kann das nicht bis ins Letzte einschätzen. Dass die Zeit verschwendet war, würde ich so nicht sagen", entgegnete ich „Wenn Sie nicht gegen alle diese Kriterien verstoßen hätten und an Ihrer persönlichen Schmerzgrenze angekommen wären, wären Sie jetzt vermutlich nicht offen, um sich mit diesen Themen zu beschäftigen. Ich glaube, dass so ein Verstoßen gegen die eigenen Werte oft gerade die Voraussetzung für Größeres bietet. Ihr Verständnis für solche Zusammenhänge wird einfach größer. Und das brauchen Sie nicht nur für sich, sondern auch, um Menschen zu führen."

Peter Brenner nickte nachdenklich.

„Jetzt der positive Aspekt Ihrer Werteliste. Wenn Sie diese noch mal durchlesen und darüber nachdenken, ob Sie beim ‚Weinkenner' etwas anders machen können, um ihre Werte dort umzusetzen, fällt Ihnen da was ein?"

„Na klar!" begeisterte sich Peter Brenner „Ich kann die Ladeneinrichtung z.B. harmonischer machen. Oder ich kann mir mehr Zeit für die Menschen nehmen. Oder ich kann häufigere Treffen mit den Partnern machen, damit wir eine Familie werden. Oder..."

„Halt, halt!" unterbrach ich ihn lachend. „Ich sehe, Ihnen würde nicht langweilig werden und Sie könnten Ihren 17-Stunden-Tag wieder spielend füllen. Der Zweck eines Unternehmens ist jedoch, seinen Kunden zu nutzen. Das geht natürlich am besten, wenn der Nutzen mit Ihren Stärken und Werten zu erbringen ist. Aber der Nutzen oder Wert für Ihre Kunden bietet einen guten Filter, um sich nicht wieder in Ihren Stärken und Werten zu verzetteln. Und da wir den Nutzen oder Wert für Ihre Kunden noch gar nicht kennen, haben wir auch keinen Filter und Sie würden sich spontan übernehmen, wenn Sie allen diesen Werten hinterher laufen würden. Also lassen wir diese Liste einfach stehen und holen Sie zu einem späteren Zeitpunkt wieder heraus."

Ich fuhr fort: „Noch ein abschließender Gedanke dazu: Ihre Wertepriorität verschiebt sich im Lauf der Zeit. Wenn Sie krank sind, steigt Gesundheit sicher nach oben. Wenn Sie hingegen irgendwann einmal genügend Wohlstand haben, dann wird dieser Wert eher absinken. Sie müssen nur aufmerksam gegenüber Ihren Werteänderungen sein, sonst laufen Sie irgendwann Werten hinterher, die überhaupt nicht mehr wichtig für Sie sind. Bei einem Unternehmen dagegen kommt es darauf an, dass die Werte stabil sind. Zum Teil über Jahrzehnte oder Jahrhunderte."

Ich schaute auf meine Uhr. Mittlerweile war es Abend geworden und Peter Brenner sah müde aus.

„Ich hatte Ihnen ja noch einen zweiten Ansatz versprochen. Das wird zeitlich aber nicht mehr reichen und wir haben morgen viel zu tun. Deswegen gebe ich Ihnen diese Aufgabe einfach mit. Der Ansatz mit der Werteliste hat den Vorteil, dass Sie mit Ihren eigenen Definitionen arbeiten. Sie können frei ihre Erfüllungskriterien bestimmen. Aber er hat den entscheidenden Nachteil, dass Ihre eigenen Definitionen ein Konstrukt sind. Sie glauben, dass Ihnen diese Werte wichtig sind, aber Sie wissen überhaupt nicht, ob Sie danach Entscheidungen treffen. In der Tat war es ja so, dass Sie nicht nach Ihren Werten gelebt haben. Das kann nur sein, wenn Sie nach anderen Kriterien Ihre Entscheidungen getroffen haben. Ihre Entscheidungen sind ja zu drei Viertel unbewusst. Beim zweiten Ansatz gehen wir praktisch rückwärts von Ihren bereits getroffenen Entscheidungen aus.

Gehen Sie systematisch durch, welche Markenprodukte Sie selbst gekauft haben und wofür diese stehen. Wenn Sie z.B. einen Sportwagen haben, dann dürften dafür Werte wie Abenteuer, Luxus, Freiheit eine Rolle gespielt haben. Bei einem Mercedes eher Status oder Qualität und bei einem Kleinwagen Sparsamkeit. Oder wenn Sie Müllermilch lieber mögen als Landliebe, dann liegt das weniger am Milchprodukt, sondern daran, dass Sie es gerne ein bisschen ‚verrückter' haben. Dasselbe können Sie mit favorisierten Personen oder Parteien etc. machen. Sie können sich auch bei Entscheidungen für Ihre Franchise-Partner fragen, welche Werte Sie in diesen Personen gesehen haben. Wohl gemerkt: es geht nicht darum, was sie gerne tun würden, sondern was Sie wirklich gemacht/gekauft/besucht haben.

Daraus eine Liste zu erstellen, ist nicht ganz einfach, aber es lohnt sich, weil diese mit Sicherheit anders aussieht als die erste Liste. Wir haben dann auf zwei unterschiedliche Arten Wertesysteme mit Prioritäten entwickelt und können diese nun zusammenführen. Dann haben wir eine relativ stabile Basis.

Ganz entscheidend ist auch: Werte und Erfüllungskriterien ändern sich nicht nur ‚von alleine' sondern Sie können darauf auch bewusst Einfluss nehmen. Sie haben über Methoden wie die neuroassoziative Konditionierung Einfluss auf Ihr Wertesystem. Damit haben Sie auf lange Sicht auch die entscheidende Einflussmöglichkeit auf Ihre unbewussten Entscheidungen.

Diesen Punkt werden wir jedoch erst dann angehen, wenn sich eine Änderung in Ihrem Wertesystem überhaupt als notwendig erweist."

„Darf ich Ihnen noch eine Frage stellen?" fragte Peter Brenner beim Aufbruch. „Wie kommen Sie eigentlich auf all diese Fragen?"

„Konfuzius hat einmal diese Aussage zum Erfolg gemacht: ‚Es gibt drei grundlegende Wege, erfolgreich zu sein. Der erste ist, wir denken gründlich nach; das ist das Edelste. Der zweite ist, wir machen alles nach; das ist das Einfachste. Und der dritte ist, wir sammeln Erfahrungen; das ist das Bitterste.' Ich denke, ich bin alle drei Wege gegangen und daraus resultieren meine Fragen."

Peter Brenner nickte nachdenklich, bevor er sich für heute verabschiedete.

Workshop – Der zweite Tag

Was sind Ihre Ziele?

„Guten Morgen, Herr Brenner" begrüßte ich ihn, als wir uns am nächsten Morgen wieder zum Frühstück in der ‚Tenne' trafen. Peter Brenner machte einen richtig lebhaften Eindruck. „Sie sehen ausgeschlafen und erholt aus!"

„Ja", erwiderte Peter Brenner strahlend, „ich habe das Gefühl, dass meine alte Energie vom Anfang meiner Unternehmerzeit zurückkehrt!"

Nach dem Frühstück fuhr ich fort: „Gestern besprachen wir Ihre Stärken und Werte. Nun zum dritten wichtigen Punkt: Was sind eigentlich Ihre langfristigen Ziele? Angenommen, Ihr langfristiges Ziel besteht darin, in zehn Jahren zwanzig Millionen Euro zu haben, dann sollte Ihr Unternehmen etwas mehr als einen oder zwei Mitarbeiter beschäftigen, sonst schaffen Sie es nicht. Oder Ihr Ziel ist es, möglichst viel Zeit für Ihre Familie zu haben. Dann sollten Sie sich überlegen, ob Sie überhaupt Unternehmer sein wollen. Oder Ihr Ziel besteht darin, Krebskranken zu helfen. Dann sollten Sie darüber nachdenken, ob Sie ein Geschäft betreiben sollten, das unmittelbar Krebskranken hilft.

Bevor Sie nicht Ihre eigenen Ziele kennen, sind alle anderen Dinge belanglos. Ich glaube, Seneca sagte einmal: ‚Für einen Seemann, der sein Ziel nicht kennt, ist jeder Wind der Falsche.'"

„Später mal einen Haufen Geld zu haben", schmunzelte Peter Brenner, „wäre schon nicht schlecht."

Ich schaute Peter Brenner nachdenklich an: „Stimmt, das stand auch schon bei den Erfüllungskriterien Ihrer Werteliste. Aber wissen Sie Herr Brenner, einen Haufen Geld kann ich Ihnen auch jetzt schon geben." Ich nahm meine Geldbörse und leerte Sie vor ihm auf den Tisch. Etwa 20 Münzen und 7 kleinere Scheine. „Sie haben hier einen Haufen Geld. Aber vermutlich ist es nicht das, was Sie wollten, richtig?"

Etwas verärgert schüttelte Peter Brenner den Kopf: „Nein, das wollte ich nicht."

„Wissen Sie, Herr Brenner, es geht darum, Ihre Ziele möglichst genau zu benennen. Wenn Sie sagen, Sie möchten später mal einen Haufen Geld, dann ist das so ähnlich, wie wenn Sie der Bedienung hier sagen, dass sie mal was Leckeres bringen solle. Im einen Fall bekommen Sie, was die Bedienung unter ‚lecker' versteht. Im anderen Fall, das, was ich unter einem Haufen verstehe. Sie bekommen immer das, was Sie sich wünschen. Das Ziel wäre in diesem Fall zu sagen: ‚Ich möchte bis zum 31.12.2015 den Betrag von fünf Millionen Euro besitzen.'

Je klarer Ihr Ziel, desto beunruhigender ist es – und das ist das Beste was Ihnen passieren kann. ‚Irgendwann mal einen Haufen Geld' können Sie auch nächstes Jahr noch sagen und fühlen sich nicht schlechter, wenn Sie nichts gemacht haben. Wenn Sie aber Datum und Zahl aufschreiben, dann stellt sich die Frage: ‚Wie soll ich das eigentlich schaffen?' Und dann kommen Sie ins Handeln. Und fühlen sich so richtig schön schlecht, wenn Sie nichts tun."

„Aber ich weiß doch gar nicht, ob ich das schaffen kann? Wie kann ich mir dann so ein Ziel setzen?" fragte Peter Brenner dazwischen.

„Als Sie die Beziehung mit Ihrer jetzigen Frau beginnen wollten, wussten Sie da, ob Sie es schaffen?"

„Nein, das wusste ich lange Zeit nicht."

„Aber Sie wollten diese Beziehung?"

„Ja, unbedingt. Wenn Sie wüssten, was ich alles dafür angestellt habe!" feixte Peter Brenner.

„OK. Genauso ist es auch mit anderen Zielen. Sie wollen etwas, wissen aber noch nicht, ob Sie es erreichen können. Weil Sie es aber unbedingt wollen, werden Sie alles in Ihren

Kräften stehende dafür tun. Und haben dann auch eher die Chance, es zu erreichen."

„Gut, also möglichst genaue Ziele und es ist völlig egal, ob ich zu Beginn weiß, ob ich es schaffen kann oder nicht, richtig?"

„Genau – es sollte nur prinzipiell möglich sein: Sich als 80-Jähriger Rollstuhlfahrer das Ziel zu setzen, den 100-Meter-Lauf bei der Olympiade zu gewinnen, ist sicher nicht das intelligenteste Ziel. Aber wir schaffen immer mehr als wir glauben: So hat Wilma Rudolph 1960 durchaus die Olympiade im Sprint gewonnen, obwohl sie an Kinderlähmung erkrankt war. Allerdings war sie da 20 Jahre alt.

Und zudem geht es nicht in erster Linie um finanzielle Ziele. Es gibt ziemlich viele Menschen, die ihr Leben lang schwer arbeiten, um ein bestimmtes finanzielles Ziel zu erreichen und das beinah Schlimmste, das ihnen passieren kann, ist, dass sie es erreichen. Weil Sie dann plötzlich nichts mehr mit sich anzufangen wissen. Weil Sie mit ihrer eigenen Leere konfrontiert sind.

Wer auf die Frage nach seinen Zielen primär ein finanzielles Ziel nennt, hat einfach noch nicht genug nachgedacht. Geld bietet dem einen Abenteuer, dem anderen Genuss, dem nächsten Sicherheit und wieder einem anderen die Möglichkeit, anderen zu helfen. Die Antwort darauf ist: Geld selbst ist überhaupt kein Wert, sondern ein Tauschmittel und Symbol für nahezu beliebige andere Werte.

Dazu machen wir jetzt eine kleine Übung. Sie kennen doch sicher Pippi Langstrumpf? Unter anderem hatte sie eine Kiste mit einem Haufen Geld – und zwar dieses Mal wirklich einem großen Haufen" sagte ich augenzwinkernd. „Stellen Sie sich vor, Sie hätten eine Kiste mit beliebig viel Geld unter Ihrem Bett. Was würden Sie dann gerne tun? Wer würden Sie gerne sein? Schreiben Sie wirklich alles auf. Großes und Kleines. Wichtiges und Unwichtiges. Nur finanzielle Ziele lassen Sie bitte weg – die sind ja schon erfüllt. Mindestens hundert Ziele und Wünsche. Achten Sie darauf, dass ihre Ziele genau definiert sind und einen Termin haben.

Wenn Sie hundert Ziele haben, machen Sie einen zweiten Durchgang, um herauszufinden, was wirklich wichtig ist. Sie hatten ja gestern Abend Ihre zehn wichtigsten Werte heraus gearbeitet. Ziele bekommen Ihre Bedeutung und ihren Sinn dadurch, dass sie mit unseren Werten übereinstimmen und diese ausdrücken. Ist ein Ziel z.B. eine Weltreise mit dem Motorrad zu machen und einer Ihrer höchsten Werte ‚Abenteuer', dann drückt sich dieser Wert offensichtlich in dem Ziel der Weltreise aus. Damit empfinden Sie eine Weltreise auch als sinnvoll. Ist Ihr höchster Wert jedoch ‚Häuslichkeit' und Sie haben dennoch das Ziel einer Weltreise, dann sollten Sie darüber nachdenken, ob das Ziel nicht vielleicht einfach ein Überbleibsel aus einer früheren Partnerschaft ist – ihr damaliger Partner wollte z.B. gerne eine Weltreise machen – aber mit Ihnen nicht das Geringste zu tun hat. Gehen Sie also im zweiten Durchgang alle hundert Ziele durch und kreuzen die an, in denen sich ihre wichtigsten Werte ausdrücken. Die anderen streichen sie durch.

Im dritten Durchgang sortieren Sie Ihre Ziele. Die Sortierung ergibt sich dabei in aller Regel schon aus der Sortierung ihrer Werte und der Grundsätzlichkeit Ihrer Ziele. Langfristige große Ziele stehen meist weiter oben als kurzfristige kleine, auch wenn ihre Bedeutung auf demselben Wert basiert. Nun lasse ich Sie wieder alleine."

Nr.	**Ziel**	**Zugrunde liegende Werte**
1.	Harmonische Ehe bis Ende 2005 wieder hergestellt	• Liebe • Harmonie • Sicherheit
2.	Den ‚Weinkenner' in eine große Familie umwandeln, die ihren Kunden Qualität bietet. Hundert Partner bis Ende 2008.	• Kontaktreichtum • Wohlstand • Selbständigkeit • Harmonie • Qualität

	Partner bis Ende 2008.	• Sicherheit • Zugehörigkeit.
3.	Wieder einen großen und guten Freundeskreis. Bis Ende 2006.	• Kontaktreichtum, • Zugehörigkeit
4.	Dreimal pro Jahr für zwei Wochen mit meiner Frau in den Urlaub fahren. Ab 2007.	• Liebe • Gesundheit
5.	Ein großes Haus im Grünen mit einem Weinberg in der Nähe. Bis 2010.	• Liebe • Wohlstand • Harmonie • Gesundheit • Sicherheit
6.	Ein Buch mit meinen Kenntnissen über Wein und die Geschichten darüber schreiben. Bis 2015.	• Beitrag zum Allgemeinwohl • Qualität
7.	Eine Stiftung zur Förderung der Weinkultur ins Leben rufen. Bis 2020.	• Beitrag zum Allgemeinwohl • Qualität
8.	Kontakte und Freundschaften mit den besten Winzern der Welt aufbauen. Bis 2009	• Kontaktreichtum • Qualität • Zugehörigkeit
9.	Geigespielen lernen. Bis 2015	• Harmonie
10.	Den im Jahr 2008 besten Mercedes.	• Wohlstand • Qualität

„Und, Herr Brenner, wie ist es Ihnen ergangen?" fragte ich, als ich nach einer Stunde zurückkam.

„Zuerst war es nicht einfach, überhaupt hundert Ziele aufzuschreiben. Aber als ich dann dabei war, wurde mir vieles klarer und stand deutlich vor meinen Augen.

Dann war das Entrümpeln meiner Ziele und Wünsche anfangs schwierig. Ich hatte zum Beispiel immer den Wunsch einer Weltumsegelung vor Augen. Aber ich kann das beim besten Willen nicht mit meinen Werten zusammen bringen. Aber dann, nach einiger Zeit des Nachdenkens war die Vorstellung, mich von diesem Wunsch zu verabschieden, wirklich befreiend! Ich habe endlich das Gefühl, dass ich mich auf das handhabbare Wesentliche konzentrieren kann."

„Ja, Herr Brenner, da haben Sie zwei wichtige Punkte erkannt. Es ist wesentlich, alle Ziele schriftlich festzuhalten. Es gab eine Untersuchung in den USA. Alle Absolventen eines Abschlussjahrgangs wurden befragt, ob sie sich Ziele setzen und diese schriftlich aufschreiben würden. Das taten schließlich nur drei Prozent aller Absolventen. Zwanzig Jahre später wurde untersucht, wie es diesen Absolventen ergangen ist. Das Ergebnis: Die drei Prozent, die ihre Ziele aufgeschrieben hatten, waren erfolgreicher als die restlichen 97 Prozent zusammen. Aber, wie Sie auch erkannt haben: Es ist mindestens genauso wichtig, sich all die Wünsche vom Hals zu schaffen, die Ihnen nichts bedeuten. Sonst können Sie sich einfach nicht konzentrieren."

Peter Brenner wirkte nachdenklich.

„Ja, Herr Brenner?" fragte ich.

„Wieso sollte ich eigentlich keine finanziellen Ziele aufschreiben?"

„Sie greifen mir vor", lachte ich. „Sie können nun hinter jedes der verbliebenen Ziele in eine weitere, leere Spalte den Geldbetrag schreiben, den Sie benötigen, um das Ziel zu verwirklichen. Und zählen Sie dann die Beträge zusammen. Schätzen Sie dann den Betrag, den Sie monatlich für Ihren Lebensunterhalt benötigen und multiplizieren diesen mit 150 – so viel Kapital benötigen Sie, wenn Sie von den Erträgen ihren Lebensunterhalt bestreiten wollen. Zählen Sie diesen Betrag auch noch dazu. Das ist Ihr finanzielles Ziel. Aber wichtig ist, dass dieses Ziel sozusagen nur der Diener für ihre eigentlichen Werte und Ziele ist und nicht umgekehrt.

Dies ist deshalb entscheidend, weil Sie, wenn Sie auf ein finanzielles Ziel fixiert sind, nicht glücklich werden können, wenn Sie den entsprechenden Betrag noch nicht haben. Im anderen Fall wissen Sie, dass es Ihnen darum geht, bestimmte Werte zu verwirklichen und dafür gibt es immer auch Möglichkeiten, wenn Sie noch nicht so viel Geld haben. Das heißt: sie können auch den Weg genießen, weil dieser schon – wenn Sie nach Ihren Werten leben – Teil des Erfolgs ist.

Nebenbei laufen Sie bei der vorrangigen oder ausschließlichen Fixierung auf finanzielle Ziele in einen Verhaltenswiderspruch und sabotieren sich selbst – aber das erzähle ich Ihnen ein anderes Mal, wenn wir mehr Zeit haben."

Peter Brenner rechnete und sagte dann: „Ich komme auf 6,7 Millionen Euro. Das schaffe ich doch nie! Das ist unmöglich!"

„Wieso? Sie haben zwischen dem Lesen des Betrags und der Feststellung, dass Sie das nicht schaffen, maximal 0,2 Sekunden darüber nachgedacht, wie Sie das schaffen können. Gibt es Menschen, die Nichts hatten und trotzdem zu Reichtum gekommen sind?"

„Ja, schon. Aber ..."

„'Aber' interessiert uns jetzt nicht!", unterbrach ich ihn freundlich. „Halten wir fest: Es ist prinzipiell möglich, an einen solchen Betrag zu gelangen. Lassen wir das Ziel also erst mal so stehen. Wenn wir dann keinen Weg finden, können wir es immer noch streichen. Aber bitte nicht am Anfang und nicht bevor Sie sämtliche Möglichkeiten durchdacht haben. Es geht ja nicht ums Geld, um ein paar Stückchen bunt bedrucktes Papier. Es geht um Ihre Werte und darum, ob Sie Ihr Leben als sinnvoll empfinden. Das können Sie nicht einfach sausen lassen!"

Ein anderer Blick auf Werte

Peter Brenner fasste zusammen: „Nun weiß ich, dass ich gerne und gut Geschichten erzähle, dass ich die Weinkultur und Qualität fördern will und dass ich das Ziel habe, ein Unternehmen mit familiärem Zusammenhalt aufzubauen, das einen Wert von rund sieben Millionen Euro hat. Mit diesem Betrag kann ich mir meine Wünsche nach finanzieller Unabhängigkeit, einem Haus mit kleinem Weingut und einer Stiftung zur Förderung der Weinkultur erfüllen. Darüber hinaus will ich mit meiner Frau eine glückliche Partnerschaft führen und genügend Zeit mit ihr zur Verfügung haben. So klar und so zugespitzt hatte ich das für mich bislang noch nie formuliert. Ich weiß jetzt, dass ich damit einen klaren Kompass habe, der mir bei meinen grundsätzlichen Entscheidungen hilft. Ich kann mir in Zweifelsfällen immer die Frage stellen, welche Möglichkeit mich näher an mein Ziel führt."

„Genau das war der Zweck der Übung. Solange Sie sich über sich nicht im Klaren sind und selbst keine klare Orientierung haben, können Sie niemals ein Unternehmen aufbauen, das eine klare Orientierung hat. Ein Unternehmen ist immer ein Spiegel der Unternehmerpersönlichkeit."

„So weit so gut. Aber wie kommt dieses Vermögen nun in meine Hände?"

Lange schaute ich Peter Brenner an. Er hatte einen weiten gedanklichen Weg zurückgelegt. „Sie haben bislang Zeit geschaffen, um grundsätzliche Aufgaben anzugehen. Dann kamen wir zu der Erkenntnis, dass es die entscheidende Aufgabe des Unternehmers ist, nicht IM sondern AM Unternehmen zu arbeiten. Als ersten Schritt hierzu legten Sie Ihre Ziele und Werte fest.

Nun möchte ich Ihnen einen weiteren Kerngedanken nahe legen: Stellen Sie nach der folgenden Erklärung nie wieder die Frage, wie dieses Vermögen in Ihre Hände gelangt!"

Verblüfft schaute mich Peter Brenner an: „Aber wozu dann die Festlegung der Ziele und der Summe?"

„Außer der Möglichkeit, auf die Lottofee zu warten, gibt es grundsätzlich zwei Möglichkeiten, gezielt an einen bestimmten Geldbetrag zu gelangen. Sie können es jemand nehmen ohne eine angemessene Gegenleistung dafür zu bieten. Oder Sie können Ihrem Gegenüber einen entsprechenden Wert bieten. Die erste Möglichkeit betrachten wir hier nicht weiter – die Gefahr, dass der entsprechende ‚Kunde' zumindest nicht wieder kommt, in der Regel aber ziemlich verärgert reagiert, ist recht groß. Damit eignet sich – mal abgesehen von den moralischen Problemen – diese Möglichkeit nicht für ein langfristiges Unternehmen."

„Ja, das verstehe ich so weit schon. Aber wie soll ich ein Vermögen schaffen, wenn ich den Wert schon haben muss, um dafür genauso viel Geld zu bekommen. Habe ich damit nicht einen Tauschkreislauf ohne wirklichen Gewinn geschaffen?"

„Nein. Die Lösung liegt im Begriff des Werts. Wodurch erhält ein Gegenstand oder eine Dienstleistung Wert? Die gesamte klassische Ökonomie und in der Folge die Kostenrechnung bestimmt den Wert eines Gegenstands durch die zur Produktion notwendige Arbeitszeit. Der Wert eines Nagels enthält nach diesem Modell also die Summe aller Arbeitszeiten zur Förderung des Erzes, zur Stahlerzeugung und zur Herstellung des Nagels sowie die anteiligen Arbeitszeiten durch die Abnutzung der benötigten Werkzeuge. Bei einem Schuh verhält es sich genauso. Ebenso bei der Dienstleistung des Schuhputzers usw. Der Gewinn des Unternehmers liegt in diesem Modell darin, dass der Unternehmer einfach etwas von dem durch seine Mitarbeiter geschaffenen Wert abzweigt. Dieses Modell wird immer angewandt, wenn Ihre Preisbildung nach folgendem Muster verläuft: Sie berechnen sämtliche Kosten: Materialkosten, Arbeitseinsatz, Gemeinkosten usw. Wenn die Kosten bei neun Euro liegen, setzen Sie dann einfach den Preis auf z.B. zehn Euro fest. Das Modell ist nebenbei auch das Mantra der Gewerkschaften, die den abgezweigten Teil wieder zurück haben wollen. Der Punkt ist aber: Das Modell ist falsch! Und mit diesem Modell ist auch der ganze Rattenschwanz an Theorien und Glaubensgrundsätzen, der hinten dran hängt, ebenfalls falsch.

Stellen Sie sich vor, Sie haben mit viel Liebe, Mühe und hohem Arbeitseinsatz einen Wein gekeltert, der grundsätzlich nach Essig schmeckt. Arbeitskosten pro Liter fünf Euro. Einzige Verkaufsmöglichkeit als Essig zu neunzehn Cent pro Liter. Welchen Wert hat nun der Essig? Fünf Euro oder neunzehn Cent? Jeder, der schon mal eingekauft hat, kennt die Antwort.

Weiteres Beispiel: Sie machen eine Wüstentour und haben zu Beginn in zehn Minuten Wasser in Ihren 200-Liter-Wassertank gefüllt. Mitten in der Wüste treffen Sie einen verdurstenden Millionär, der von Ihnen gerne zwei Liter Wasser hätte. Mal abgesehen davon, dass die Hilfsbereitschaft es gebietet, ihm das Wasser auch so zu geben: Welchen Wert hätte für diesen Mann das Wasser? Würde er Ihnen für die sechs Sekunden Arbeitszeit, die sie investiert haben, um zwei Liter Wasser aufzufüllen ein paar Cent in die Hand drücken oder würde er Ihnen sein Scheckbuch schenken?

Der Wert ergibt sich also nicht durch das, was Sie oder Ihre Angestellten an Arbeit hinein stecken, sondern durch das Bedürfnis des Kunden, das befriedigt wird. Das ist gut, wenn der Wert der Bedürfnisbefriedigung deutlich größer ist als Ihre Kosten und schlecht, wenn es umgekehrt ist. Der Job des Unternehmers ist damit, solche Bedürfnisse ausfindig zu machen, bei denen der Wert der Befriedigung größer als die Kosten sind.

Das Bedürfnis unterscheidet sich von Kunde zu Kunde. Dieselben zwei Liter Wasser könnten Sie an einem anderen Ort an einen anderen Kunden sicher nicht so lukrativ verkaufen. Der Wert steckt also nicht in den Gegenständen oder Dienstleistungen, sondern ergibt sich dadurch, wem Sie Ihre Produkte oder Dienstleistung in welcher Situation anbieten.

Der Wert steckt sozusagen in der Beziehung des Kunden zum Produkt oder zur Dienstleistung."

Peter Brenner schaute mich fragend an: „Ist das nicht alles etwas abstrakt? Was hat das mit mir und dem ‚Weinkenner' zu tun?"

„Wir sind am entscheidenden Punkt angelangt: Der Wert der Gegenstände und Dienstleistungen, die Sie anbieten hat nichts, aber auch gar nichts mit Ihrem Aufwand zu tun!

Es gibt einen buddhistischen Spruch: ‚Eine schöne Frau ist für einen Jüngling ein Augenschmaus, für einen Mönch eine Ablenkung und für einen Wolf eine gute Mahlzeit.' Wenn Sie im ‚Schöne-Frauen-Business' sind, sollten Sie also die Jünglinge suchen und sich von Mönchen und Wölfen fern halten."

Peter Brenner schmunzelte. „OK, Verstanden. Auf meinen Fall übertragen: Wenn ich versuche, meine Spitzenweine an das breite Publikum zu verkaufen, dann kann ich nur Durchschnittspreise verlangen, weil ein Spitzenwein für das breite Publikum keinerlei besonderen Wert darstellt. Das ist wie Jungfrauen für den Preis einer Mahlzeit an Wölfe abzugeben. Und bei Durchschnittspreisen mache ich keinen Gewinn oder sogar Verluste, weil die Discounter bessere Prozesse, bessere Einkaufskonditionen und damit niedrigere Kosten haben."

„Genau. Wenn Sie sich jedoch an die richtige Kundengruppe – z.B. besonders schüchterne Jünglinge – wenden, dann bieten Sie diesen einen hohen Wert und können auch den entsprechenden Preis verlangen. Diesen Wert hat Ihr Angebot selbst dann, wenn Ihre Produktions- oder Einkaufskosten nur einen Bruchteil davon betragen – nur locken Sie dann natürlich die Konkurrenz an (wenn diese davon erfährt).

Damit löst sich Ihre Verwunderung auf. Sie brauchen ein Ziel, z.B. sieben Millionen Euro in zehn Jahren. An dieses Vermögen werden Sie gelangen, indem Sie Ihren Kunden – und zwar den Kunden Eins bis Drei! – in diesem Zeitraum Werte in einer Größenordnung schaffen, dass – Ihre Produktions-, Einkaufs- und Lebenshaltungskosten abgezogen – am Ende sieben Millionen Euro für Sie übrig bleiben. Ihre Absichtserklärung, innerhalb einer bestimmten Frist einen bestimmten Betrag anzusparen, ist also vor allem ein Versprechen an Ihre Kunden, diese Werte für sie zu schaffen. Stellen Sie sich also niemals mehr die Frage, wie Sie an das Vermögen heran kommen, sondern stellen Sie sich in Zukunft jeden Morgen, jeden Mittag und jeden Abend die Frage, wer Ihre optimalen Kunden sind, was für diese Kunden wertvoll ist und wie Sie diesen Kunden den entsprechenden Wert schaffen und vermitteln können.

Ihre Absichtserklärung, innerhalb einer bestimmten Frist ein bestimmtes Vermögen zu erlangen, ist vor allem ein Versprechen an Ihre Kunden, diese Werte für sie zu schaffen.

Damit ändert sich Ihr Denken grundlegend! Während der übliche Blickwinkel darauf abzielt, die Kosten zu senken, orientiert sich dieser Blickwinkel an der Auswahl der richtigen Kunden und der Erhöhung des Werts. Mit einem höheren Wert steigt entweder die Kaufbereitschaft oder Sie können höhere Preise durchsetzen. Ein Kostensenker würde – wenn er denn die Kosten so weit gesenkt bekäme – auch die Jungfrauen zum Preis einer Mahlzeit an die Wölfe verfüttern.

Dies ist – wenn auch ohne die Werttheorie – der Kern der engpasskonzentrierten Strategie von Wolfgang Mewes, die ich Ihnen wärmstens ans Herz lege: Sich nicht auf den Gewinn, sondern auf den Nutzen und Wert zu konzentrieren."

„Übrigens, auch Preise drücken einen Wert aus. Teurere Produkte werden oft als wertvoller wahrgenommen. Die häufige Strategie der Preissenkung ist somit direkte Wertvernichtung. Das können Sie nur machen, wenn Sie ein neues effektiveres Produktionsverfahren haben – das möglichst nicht kopierbar ist. Ansonsten sollten Sie die Preise nur dann senken, wenn Ihnen wirklich nichts mehr einfällt. Allerdings sollten Sie, wenn Ihnen keine Alternative zur Preissenkung mehr einfällt, darüber nachdenken, ob Sie überhaupt der Richtige sind, um das Geschäft zu betreiben."

Werte: Kunde Eins

„Nun, Herr Brenner, gehen wir die Kunden der Reihe nach durch. Zuerst der Kunde Eins, der Endkunde. Vermutlich werden wir hier sehr schnell zum Ergebnis kommen."

„Wieso das?", fragte Peter Brenner neugierig.

„Sie erzählten mir doch, dass Sie anfangs Erfolg gehabt haben. Und Sie erzählten mir außerdem, dass Sie drei Partner haben, die erfolgreich sind. Dann müssen wir eigentlich nur noch herausfinden, bei welcher Kundengruppe Sie den größten Erfolg hatten und welchen zusätzlichen Wert Sie Ihren Kunden geboten haben."

„Das ist einfach. Zumeist haben Frauen eingekauft und ich bin ein ziemlich kommunikativer Mensch. Und bei den drei erfolgreichen Partnern sind zwei Frauen – die einzigen weiblichen Franchise-Partner beim ‚Weinkenner' übrigens – die sowieso kommunikativer sind und ein Mann, der auch sehr aufgeschlossen ist."

„OK, Sie sprechen mit dem ‚Weinkenner' Frauen an und die Kommunikation bietet den Mehrwert? Zuerst: Was sind das für Frauen? Was ist ihr Bedarf?"

„Die meisten verstehen überhaupt nichts von Wein."

„Sie kommen aber trotzdem zu Ihnen und gehen nicht in den Discounter?", fragte ich.

„Ja. Sie möchten meist einen erfolgreichen Abend ausrichten und wissen nur, dass Sie dazu einen besonders guten Wein nehmen wollen."

„Dann ist das natürlich eine Katastrophe, wenn diese Kunden bei Ihrem Partner mit den billigeren Weinen einkaufen und dort normale Aldi-Weine entdecken: Das zerstört ja geradezu die Gewissheit, beim ‚Weinkenner' besonders gute Weine zu bekommen", warf ich ein.

„Ja, so klar habe ich das bislang nicht gesehen. Es hat mir einfach nicht gefallen", nickte Peter Brenner.

„Gut", erwiderte ich nach. „Die Frauen kaufen also bei Ihnen besonders guten Wein und bewirten damit ihre Gäste zuhause. Dann muss es doch von Bedeutung sein, die Gäste auf besonders dezente Weise darauf hin zu weisen, dass man als Gastgeberin etwas von Wein versteht. Und dass man für die Gäste das Beste an Qualität aufgeboten hat, das man bekommen konnte, oder?"

„Sie meinen", brach es aus Peter Brenner heraus, „dass meine Wein-Geschichten der eigentliche Wert waren? Dass die Gastgeberinnen meine Geschichten weiter erzählt haben? Dass sie damit beweisen konnten, dass ihnen das Wohl ihrer Gäste am Herzen liegt und nichts zu teuer ist?"

„Das meinen Sie", lächelte ich. „Mein Job war es nur, Sie dazu zu bringen, in den Kategorien von Zielgruppen und Nutzen bzw. Wert zu denken und Ihren Blick aus Ihrem Laden heraus zum Kunden zu lenken. Aber bevor wir uns darauf einschwören, wollen wir erst herausfinden, ob diese Idee stimmt."

„Und wie?", fragte Peter Brenner.

„Fragen. Die Mitarbeiter bei den erfolgreichen Partnern und bei Ihrem Betrieb in Stuttgart sollen die nächsten Stammkundinnen, die den Laden betreten, befragen, was Ihnen beim ‚Weinkenner' besonders wichtig ist. Zuerst offen fragen. Dann zur Absicherung nochmals halboffen, welche Bedeutung die Geschichten für sie haben. In spätestens einer Stunde sollen die Mitarbeiter Sie zurück rufen und Ihnen Antworten präsentieren. In der Zwischenzeit rufen Sie bei Ihren weniger erfolgreichen Partnern an und finden heraus, ob bei diesen weniger Frauen einkaufen. Und ob diese Partner auch etwas erzählen, was vom Kunden am Abend beim eigentlichen gesellschaftlichen Anlass verwertbar ist. Ich werde in der Zwischenzeit ebenfalls ein paar Telefonate führen. In einer Stunde treffen wir uns wieder."

Als ich nach einer Stunde zurückkam, hatte Peter Brenner gerade sein letztes Telefonat beendet. Er begrüßte mich begeistert und schilderte mir kurz die Ergebnisse. Wir hatten sofort ins Schwarze getroffen. Das ist nicht immer so, aber es ergeben sich aus den Ergebnissen dann immer neue Ideen, die einen ans Ziel heranführen.

Ich fasste zusammen: „Sie haben damit eine Zielgruppe getroffen, nämlich die Frauen, die einen Qualitätsabend ausrichten und keine Ahnung von gutem Wein haben, und ihnen einen Wert geboten, den sie nirgendwo sonst bekommen. Und deshalb kaufen normalerweise auch Männer den Wein, nur bei Ihnen nicht. Richtig?"

„Ja, könnte man so sagen."

„Sie verkaufen also gar keinen Qualitätswein, sondern Sie verkaufen Unterstützung bei Qualitätsabenden. Das ist etwas völlig anderes. Es geht gar nicht vorrangig um die Kennerschaft beim Wein, sondern um die Fähigkeit, einen mehr oder weniger offiziellen gesellschaftlichen Abend auf hohem Niveau zu bieten. Um Anregung für die Unterhaltungen und um Genuss. Kann man das so sagen?"

„Ja, das könnte man so sagen. Dann ist mir jetzt auch klar, warum die anderen Partner nur mäßigen Erfolg oder großen Misserfolg hatten. Sie haben unsere optimale Zielgruppe nicht erreicht und Sie haben dieser keinen wirklichen Wert, sondern nur Qualitätswein geboten. Und in einem Fall nicht einmal mehr das.

Solange mir dieses Erfolgsrezept selbst nicht wirklich klar war – ich es eben einfach nur instinktiv richtig gemacht habe – konnten die Partner das überhaupt nicht nachmachen. Sie konnten gar nicht erfolgreich sein. Und ich bin wie ein Idiot dauernd zwischen den Partnern hin und her gereist, um sie ‚auf Linie' zu bringen. Das war nicht gerade klug, nicht wahr?" Peter Brenner schaute mich fragend an.

„Das würde ich so nicht sagen", entgegnete ich. „Sie haben sich einfach bislang nie die Frage gestellt – es ist ja keine Facharbeiterfrage. Und Sie werden sich diese Fragen nicht das letzte Mal gestellt haben: Was braucht Ihre Zielgruppe noch für Qualitätsabende? Lässt sich Ihre Zielgruppe weiter untergliedern? Hat noch etwas einen ganz besonderen Wert für Ihre Zielgruppe? Solche Fragen werden in Zukunft Ihr Tagesgeschäft sein. Ihre Hinweise werden meist die besonders erfolgreichen Partner sein: Was machen diese anders? Haben diese andere Kunden? Sind die Kunden aus irgendeinem Grund zufriedener? Letztlich sind Ihre Kunden Ihre besten Unternehmensberater: Sie müssen nur aufmerksam hin schauen und die richtigen Fragen stellen.

Aber zurück zu unserer Aufgabe: Wir wissen nun, an welche Zielgruppe Sie sich wenden wollen und welchen Wert Sie aufgrund Ihrer Stärken bieten können. Es ist nun entscheidend, dies Ihrer Zielgruppe auf adäquate Weise nahe zu bringen. Ob Ihr System unter Umständen umbenannt werden sollte, z.B. in der ‚Weingenießer', ob Sie Ihr Corporate Design ändern, ob Sie die Ansprache Ihrer Kunden ändern. Es geht also um die Frage der Positionierung in den Köpfen der Kunden. Hierfür benötigen Sie einen Spezialisten. Das ist entscheidend, da davon der Wert Ihres Angebots abhängt – Sie erinnern sich: Der Wert Ihres Angebots hat nichts mit den Einkaufspreisen Ihrer Produkte, sondern nur mit dem Grad des Bedarfs und der subjektiven Bedarfsbefriedigung beim Kunden zu tun! Positionierung ist somit das intelligenteste und erfolgreichste Marketing, das Sie bekommen können. Mit einer klaren Positionierung erreichen Sie bei Ihren Kunden die höchste Wertschätzung und Aufmerksamkeit und stechen aus der Masse der Anbieter heraus.

Deshalb benötigen Sie dafür den besten Spezialisten, den Sie bekommen können. Wissen Sie, Herr Brenner, es ist in vielen Bereichen so, dass voller Einsatz den vollen Erfolg bringt und halber Einsatz gar keinen Erfolg. Ähnlich ist es bei Beratern. Die meisten taugen nichts. Selbst wenn einer dieser Berater nur ein Viertel eines wirklichen Spezialisten verlangt, haben Sie ein Viertel des Betrags, mit dem Sie ein Ergebnis hätten erzielen können, zum Fenster hinaus geworfen."

„Können Sie mir dabei nicht helfen?", fragte Peter Brenner etwas enttäuscht.

„Können schon, aber auf diesem Gebiet bin ich kein Spezialist. Und wieso soll ich mir meinen Ruf mit minderer Leistung in einem Teilbereich kaputt machen? Ich habe Ihren Besuch bereits bei einem der besten Positionierungsexperten in Deutschland, Peter Sawtschenko, angekündigt. Ist das in Ordnung?"

„OK. Am besten vereinbare ich gleich einen Termin". Peter Brenner wählte die Nummer, die ich ihm gab und vereinbarte für den Anfang der folgenden Woche einen zweitägigen Workshop.

„So, Herr Brenner, lassen Sie uns nun Mittag essen und dann zum Endspurt übergehen. Es ist noch einiges zu tun."

Wir aßen gemütlich zu Mittag und machten danach noch einen kleinen Spaziergang.

Werte: Kunde Zwei

Nach der Rückkehr stieg ich wieder ein: „Gut, betrachten wir nun die Kunden Zwei und Drei."

„Ist das nicht einfach? Der Kunde Zwei will mit seinem Franchisebetrieb eben geschäftlich und das heißt: finanziell erfolgreich sein" warf Peter Brenner ein. „Ich muss ihm also ein funktionierendes Geschäftsmodell zur Verfügung stellen, mit dem er seine finanziellen Ziele erreicht. Wieso muss man sich darüber noch weitere Gedanken machen?"

„Wenn die finanziellen Resultate nahe an die Null oder darunter rutschen, ist das sicher richtig. Dann treten die finanziellen Aspekte in den Vordergrund. Aber bedenken Sie, dass Sie festgestellt haben, dass sich hinter Ihren eigenen finanziellen Zielen ganz andere Ziele verbergen und dass diese wichtiger sind als die rein finanziellen Ziele. Außerdem gibt es Untersuchungen darüber, was typische Angestellte an einem Arbeitsplatz am meisten schätzen. Wenn eine gewisse Mindestentlohnung gegeben ist, stehen die finanziellen Wünsche hinter dem Wunsch nach Anerkennung, der Möglichkeit, seine Stärken einzusetzen und anderem erst an Position fünf.

Wenn also bei Ihnen die finanziellen Ziele nicht an oberster Stelle stehen und bei normalen Angestellten auch nicht, wieso sollten dann ausgerechnet Ihre Franchise-Partner so geldgierig sein, dass ihre finanziellen Erwartungen auf Position Eins stehen?"

„Hm, so habe ich das noch nie gesehen. Aber was könnten meine Partner sonst noch wollen?"

„Das gilt es heraus zu finden. Vorerst vielleicht noch ein einfaches Bild: Die Finanzen sind wie der Blutkreislauf beim Menschen. Es ist notwendig, dass Sie Blut durch Ihre Adern pumpen, aber Sie kämen nie auf den Gedanken, dass es der Sinn und Zweck Ihres Lebens ist, dies zu tun. Im Allgemeinen werden Sie Ihrem Blutkreislauf und Ihren Blutwerten sehr wenig Beachtung schenken. Ihr Blutkreislauf und Ihre Blutwerte werden nur unter zwei Bedingungen relevant.

Die eine Möglichkeit: Sie sind krank oder verletzt. Wenn eine Schlagader offen ist, werden Sie an nichts anderes mehr denken, als an Ihren Blutkreislauf. Wenn Sie rote Zahlen schreiben, denken Sie üblicherweise auch an nichts anders. Die andere Möglichkeit: Sie sind Spitzensportler. Spitzensportler stimmen Ihre Ernährung und Ihr Training optimal ab. Dies drückt sich in den entsprechenden Blutwerten aus. Bei Top-Unternehmen ist das auch so. Wenn Sie sich im Mittelfeld bewegen und Sie durchschnittlichen Gewinn machen, brauchen Sie keine großen Gedanken an Ihre

Finanzen zu verschwenden. Ein oder zwei jährliche Checkups reichen.

Vergessen Sie also erst mal die Finanzen!"

„Jetzt finden wir heraus, was Ihre Partner sonst noch wollen. Sie haben drei Franchise-Partner bei denen es vergleichsweise gut läuft. Können Sie mir diese beschreiben? Was ist das Gemeinsame?"

„Da hatten wir ja schon in Bezug auf den Kunden Eins darüber geredet. Sie sind alle drei sehr kommunikativ. Zwei von Ihnen sind Frauen."

„Sind Sie Ihnen in ihrer Art ähnlich?"

„Ja, kann man schon sagen. Sie waren mir gleich sympathisch. Sehr offen und sehr kommunikativ. Und Sie haben – jetzt wo mir das vom Kunden Eins klar wurde, fällt mir das erst auf – meinen Geschichten zugehört und diese erzählt."

„Und Sie haben Sie vermutlich für Ihre schnellen Erfolge gelobt. Richtig?"

„Ja klar! Sie waren ja auch schneller erfolgreich als die anderen."

„Haben Sie privat etwas mit Ihren Partnern gemacht?"

„In letzter Zeit nur noch mit zweien. Es reichte die Zeit nicht mehr. Natürlich mit den Erfolgeichen. Zu den vieren, die jetzt kurz vor dem Ende stehen, hatte ich nie wirklich guten Kontakt."

„Was glauben Sie, war – so wie Sie es mir jetzt erzählen – gerade den erfolgreichen Partnern wichtig?", versuchte ich zusammen zu fassen.

Peter Brenner dachte einen Moment nach. „Anerkennung, Offenheit, Kommunikation, auch private Themen zu besprechen. Ja, ich glaube, diese Punkte sind besonders wichtig."

„OK, jetzt haben wir ja schon erste Hinweise. Noch von einer anderen Warte aus betrachtet: Gibt es Franchise-Partner, die besonders einfach zu gewinnen waren? Können Sie mir diese beschreiben? Was ist das Gemeinsame?“

„Das ist schwer zu sagen. Bei zweien war es so, dass sie einen eigenen Weinberg hatten und deshalb Bezug zu Wein. Diese befinden sich jetzt im Mittelfeld meiner Partner.“

„Wenn der Bezug zum Wein kein Erfolgskriterium ist, gibt dies auch nicht viel her. Wie einfach oder schwer war es, ihre erfolgreichen Partner zu gewinnen? Welche Fragen haben sie Ihnen vor Vertragsunterzeichnung gestellt?“

„Das war schon schwieriger. Beide Frauen kommen aus eher wohlhabenden Verhältnissen und waren zuvor Hausfrau und widmeten sich der Kindererziehung. Die Kinder waren nun groß und die Frauen wollten etwas Neues machen. Der Wiedereinstieg ins Berufsleben wäre sehr schwer gewesen und sie hätten ganz unten beginnen müssen. Sie trauten sich aber auch nicht so recht mit einem eigenen Unternehmen.“

„Sie meinen, dass diese Frauen es finanziell nicht nötig hatten, sondern dass sie noch mal etwas Neues anfangen wollten? Und dabei natürlich sehr unsicher waren, weil sie einige Jahre aus dem Berufsleben ausgeschieden waren?“

„Ja, das ist richtig.“

„Und bei dem erfolgreichen Mann?“

„Das ist ein Naturtalent. Er ist eigentlich Lehrer, hatte dann aber keine Lust sich zwischen Kultusministerium, Schulleitung, Eltern und Kindern zerreiben zu lassen. Dann war er Kabarettist. Und kurz vor Abschluss des Franchisevertrags hat er geheiratet und wollte mit einem eigenen Betrieb eine stabile Grundlage aufbauen. Aber er wusste auch nicht, ob er das schaffen könnte. Durch seinen Humor haben wir uns sofort verstanden. Gemeinsam mit den beiden Frauen hat er seine Kommunikationsfähigkeit und seine Herkunft aus derselben sozialen Schicht – auch wenn er zwischendurch etwas Umwege gegangen war.“

„Gut, von einer dritten Warte aus betrachtet: So wie Sie die Situation geschildert haben, wird es vermutlich eher selten vorgekommen sein. Dennoch: Wann wurden Sie von Ihren Franchise-Partnern am meisten gelobt?"

„Da fällt mir aktuell wirklich wenig dazu ein. Meist wurden immer nur Forderungen an mich herangetragen."

„OK, auch eine Betrachtungsweise" lächelte ich. „Welche Punkte wurden immer wieder als Forderungen an Sie herangetragen?"

„Ganz wichtig war der Zwang zur Systemkonformität. Die Partner wollten mehr Freiraum."

„Halt, Einspruch" entgegnete ich. „Welche Partner?"

„Nun ja, nicht die Erfolgreichen."

„Das heißt, die Partner wollten eigentlich mehr Erfolg und hatten nicht das Gefühl, diesen innerhalb des Systems zu erreichen und begannen dann zu rebellieren?"

„Ja, das trifft es ziemlich gut".

„Können Sie sich vorstellen, so etwas wie eine geplante Variabilität zu erlauben? Sie können unternehmerische Chancen nur dann vernünftig entdecken, wenn es Unregelmäßigkeiten gibt. Wenn alle Partner gleich erfolgreich wären, dann hätten Sie keinen Anhaltspunkt, wo Sie nach neuen Chancen suchen sollten. Wenn Sie also Ihren Partnern erlauben, im Quartal oder im Halbjahr eine oder zwei zeitlich befristete Abweichungen vorzunehmen – natürlich mit Zustimmung der Zentrale – dann haben Sie zum einen große Systemkonformität, zum anderen bieten Sie auch dem Unternehmer im Franchise-Partner ‚Futter'. Sie testen damit systematisch neue Chancen aus."

„Das klingt ziemlich gut. Ich kann mir vorstellen, dass sie sich dann auch sehr für den Erfolg ihrer jeweiligen Abweichung einsetzen."

„Gut, haben wir noch weitere Forderungen, die an Sie herangetragen wurden – vielleicht von den Erfolgreichen?"

„Ja, vor allem am Anfang. Sie hätten gerne eine bessere Schulung und Einführung gehabt. Und jemand aus der Zentrale, der nur für sie da ist."

„Also haben diese Partner in gewisser Weise sogar die Maßnahmen gegen ihre Verunsicherung eingefordert. Stimmt das so?"

„Ja, das trifft es ziemlich gut."

„Sie haben sich ja während des Gesprächs wieder einige Notizen gemacht. Zeigen Sie mal!" forderte ich Peter Brenner auf.

Meine erfolgreichen Franchise-Partner wünschen sich Anerkennung, Offenheit, Kommunikation und auch private Themen zu besprechen. Meine erfolgreichen Partner kommen aus demselben sozialen Umfeld wie meine Kunden. Sie hatten vorher nie ein Unternehmen geführt und waren sehr verunsichert. Dies lies sie lange zögern. Nach Eintritt ins System stellten Sie hohe Anforderungen an Schulung, Einführung und einen ‚Mentor'.

Geplante Variabilität könnte den Unternehmer im Franchise-Partner fördern und zugleich die Systemkonformität erhalten.

Wenn ich das jetzt so durchlese, dann wird mir auf einmal klar, welche Franchise-Partner ich suchen muss. Bislang habe ich mich jedem an die Fersen geheftet, der ein gewisses Interesse hatte. Und meine Maßnahme mit der Senkung der Eintrittsgebühr war auch nicht der richtige Schritt, da meine optimalen Partner ja aus besseren Verhältnissen kommen und die Eintrittsgebühr nur eine geringe Hürde darstellt.

Darüber hinaus wird mir völlig klar, welche Maßnahmen ich ergreifen muss, um die Hürde für die optimalen Partner abzusenken: Schulung, Einführung und Installation eines ‚Mentor'-Systems."

„Prima", freute ich mich. „Dann haben Sie hier vorerst eine klare Handlungsanleitung, die Ihnen viel Zeit- und Energieverschwendung erspart. Ich nehme an, Sie haben sich auch meine Fragen aufgeschrieben, um sich diese erneut stellen zu können, wenn Sie die Aufgaben umgesetzt haben?"

„Ja natürlich. Mittlerweile ist mir schon klar geworden, dass Ihre Fragen das eigentlich Wertvolle sind, da sie meinen Blick weiten. Und als noch immer Facharbeiter-Unternehmer werde ich das noch öfter brauchen", lächelte Peter Brenner.

„Gut, dann noch ein Tipp. Besprechen Sie die Frage der Positionierung gegenüber dem Kunden Zwei ebenfalls mit Herrn Sawtschenko. Sie müssen diese Werte nicht nur anbieten, sondern dafür sorgen, dass sie auch als solche von Ihrer Zielgruppe wahrgenommen werden."

Werte: Kunde Drei

„So, und jetzt können wir eine wichtige Frage klären, die wir bislang offen gelassen haben: Wer ist Ihr konkreter Kunde Drei? Dabei gibt es nicht sehr viel Auswahl. Sie möchten sich in zehn Jahren voll um Ihre Stiftung kümmern und ein kleines Weingut betreiben. Und Sie haben keine Kinder. Das ist schade, weil dann hätten Sie praktisch ‚automatische Kandidaten' für die Rolle des Kunden Drei. Das ist übrigens ein wesentlicher Grund, warum Unternehmer mit Kindern oft zielgerichteter an den Aufbau Ihres Unternehmens gehen.

Jedenfalls entfällt bei Ihnen die Übertragung innerhalb der Familie. Ausgehend von Ihrer Zielstellung erwarten Sie einen Betrag von sieben Millionen Euro, den Sie sich zum einen Teil im Lauf dieser Zeit ansparen, zum anderen Teil durch einen Verkauf des Unternehmens erhalten. Bei diesem geringen Betrag entfällt auch ein Verkauf über Börsengang. Damit haben Sie im Prinzip nur noch zwei Möglichkeiten: Management-Buyout oder Verkauf an ein anderes Unternehmen."

„Ist das denn jetzt wichtig?", unterbrach mich Peter Brenner unruhig.

„Schauen Sie Herr Brenner, sind Ihnen Ihre Ziele wichtig?" fragte ich.

„Ja klar! Ich habe sie jetzt endlich deutlich vor Augen."

„OK, und der Kunde Drei ist derjenige, der Ihnen helfen wird, Ihre Ziele zu verwirklichen. Und zwar dann, wenn Sie ihm das bieten, was für ihn wichtig und wertvoll ist. Wenn Sie nicht wissen, was das ist, können Sie es ihm auch nicht bieten.

Auch beim Verkauf an den Kunden Drei geht es nur zur Bestimmung der Untergrenze um finanzielle Kennzahlen. Dieses Hotel hier dürfte nach den Kennzahlen vermutlich zwischen sieben und fünfundzwanzig Millionen Euro wert sein. Aber der Name und die Qualität des Managementsystems könnten für eine große Hotelkette ein Vielfaches davon wert sein. Nur alleine um zu lernen, wie man dies macht oder reproduziert. Auch beim Verkauf eines Unternehmens ist es so, dass es völlig irrelevant ist, wie viel Arbeit Sie für den Aufbau hineingesteckt haben – einzig relevant ist der Bedarf des Kunden.

Wenn Sie also darüber nachdenken, ob Sie einen Management-Buyout oder einen Verkauf an ein anderes Unternehmen anstreben, dann werden Sie Ihr Unternehmen jeweils anders aufbauen.

Beim Management-Buyout könnten Ihre Werte im Vordergrund stehen bleiben. Sie müssten sich jedoch frühzeitig einen Manager suchen, der Ihre Werte mit trägt. Sie müssten diesen als Nachfolger aufbauen. Und Sie müssten ein Finanzierungskonzept mitliefern, weil diese Person natürlich nicht das entsprechende Kleingeld haben wird. Wie auch immer. Sie müssen mindestens fünf Jahre vor der Übergabe damit beginnen. Und Sie hätten immer das Risiko, dass der entsprechende Kandidat kurz vorher abspringt.

Bei einem Verkauf an ein anderes Unternehmen ist Ihre Aufgabe, herauszufinden, für welchen Kunden Drei Ihr zukünftiges Franchisesystem die optimale strategische Ergänzung darstellt. Und dann müssten Sie sich darum kümmern, genau diese strategische Ergänzung zu bieten. Zum Beispiel kann Ihre regionale Erschließung eine strategische Ergänzung für ein anderes Unternehmen bieten. Oder Ihr Vertriebsnetz. Oder die Bindung Ihrer Kunden. Oder ein perfektes Verkaufssystem.

Der Käufer könnte ein größeres Franchisesystem sein, das von Ihren Mechanismen lernen möchte. Oder ein Lieferant, der seinen Absatzmarkt sichern will. Oder ein internationaler Käufer, der Ihr Konzept ausdehnen und auf sein Land übertragen will."

„Ja, aber ich weiß doch noch gar nicht, wer mein Unternehmen kaufen will. Wie soll ich das denn jetzt entscheiden?", warf Peter Brenner etwas unwirsch ein.

„Der Punkt ist nicht, wer Ihr Unternehmen kaufen will, sondern an wen Sie verkaufen wollen! Sie können nicht zugleich einen Nachfolger als zukünftigen Inhaber aufbauen und Ihr System optimal darauf ausrichten, dass Sie es an ein größeres Franchisesystem verkaufen können. Damit handeln Sie sich nicht nur Konflikte ein, sondern verzetteln sich auch unnötig.

Sie entscheiden jetzt, wer Ihr optimaler Käufer ist und dann schaffen Sie den optimalen Wert für genau diesen Käufer. Und wenn ihr Unternehmen dann in einigen Jahren genau diesem Käufer den höchsten Wert bietet, ist die Wahrscheinlichkeit auch am größten, dass genau dieser Käufer zugreift. Es ist immer derselbe Mechanismus – bei allen drei Kunden."

„Ihre Ansichten sind wirklich manchmal gewöhnungsbedürftig, das muss ich schon sagen", monierte Peter Brenner. „Aber so wie Sie es darstellen, hat es wieder seine Logik. Aber eine Frage: Nach welchen Kriterien soll ich das eigentlich entscheiden? Ich könnte im Augenblick nur sagen, dass mir der Management-Buyout sympathischer ist."

„Dafür haben wir schon zum Teil die Grundlage geschaffen: Sie haben Ihre Werte und Ihre Ziele notiert. Schreiben Sie die möglichen Kunden Drei auf und ordnen Sie jeweils Ihre Werte und Ziele zu.

Dabei sollten Sie Folgendes bedenken: Sie werden Ihr Unternehmen niemals alleine groß bekommen. Sie benötigen immer die Hilfe und Kooperation Ihrer Mitarbeiter und Partner. Wenn Ihr Ziel ist, möglichst viel Geld durch den Verkauf zu erlösen, um dann Ihre Werte auszuleben, wie viele Mitarbeiter oder Partnern werden Sie in diesem Ziel wohl unterstützen?"

„Vermutlich keiner. Die haben ja nichts davon, wenn ich das Unternehmen verkaufe", entgegnete Peter Brenner.

„Noch mehr, es könnten sich manche, die das Unternehmen mit aufgebaut haben, sogar betrogen fühlen. Und wenn Ihre Mitarbeiter und Partner vorher wüssten, dass Sie das nur machen, um hinterher viel Geld zu haben, dürfte sich die Motivation und Begeisterung beim Aufbau auch ziemlich in Grenzen halten. Sie müssten es also verheimlichen. Und wenn Sie Ihr Ziel verheimlichen, dann sind viele Ihrer Entscheidungen nicht nachvollziehbar, was wieder für Unruhe sorgt.

Das ist manchen Unternehmern nicht so wichtig, aber zu Ihren Werten passt dies meiner Einschätzung nach gar nicht."

„Da haben Sie Recht. Ich würde mich ziemlich schlecht fühlen. Aber ich baue das Unternehmen ja nicht nur wegen des Geldes auf, sondern weil ich im Aufbau auch meine Werte verwirklichen will."

„Genau! Sie haben den Punkt schon getroffen, Herr Brenner. Wenn Sie vermitteln können, welche Werte Sie verwirklichen wollen, dann ziehen Sie die Mitarbeiter und Partner an, die ähnliche Werte haben. Und wenn Sie dann kommunizieren, dass Sie nicht ewig leben und bei einem (Teil-)Verkauf immer sicherstellen werden, dass Ihre Werte aufrechterhalten oder womöglich noch gestärkt werden, dann stehen Sie auf derselben Seite wie Ihre Mitarbeiter und Partner. Und Sie können offen miteinander reden. Und Ihre Mitarbeiter und Partner wissen, wie sie Ihnen (und sich) helfen können.

Das heißt, wenn Sie den möglichen Kunden Drei aufschreiben und Ihre Werte und Ziele zuordnen, dann haben Ihre Werte die oberste Priorität. Sobald Sie sich jedoch für einen Kunden Drei entschieden haben, geht es darum, was für diesen wertvoll ist.

Gut, haben Sie dazu noch Fragen oder soll ich Sie wieder eine halbe Stunde allein lassen?"

„Nein, ich denke, ich komme klar", entgegnete Peter Brenner und begann eine Tabelle auszufüllen.

Kunde Drei	**Probleme**	**Werte**	**Ziele**
Aufzubauender Manager	Muss einen finden; langer Aufbau zum Nachfolger; Risiko der Trennung kurz vor Übergabe; problematisch, da Fremdfinanzierung; ein guter Manager ist noch lange kein guter Unternehmer	Große Übereinstimmung, da im System ‚groß geworden'	Zielerreichung unklar, da Fremdfinanzierung u.U. schwierig
Erfolgreicher Franchise-Partner	Fremdfinanzierung weniger problematisch, wenn vorher Masterfranchisenehmer und damit wohlhabend	Große Übereinstimmung, da im System ‚groß geworden'	Zielerreichung evtl. problematisch

Wein-großhändler	Hat in aller Regel ein anderes Wertesystem	Geringe Übereinstimmung	Zielerreichung sicher
Größeres Franchise system	Ist mir subjektiv unsympathisch		
Weinhändler anderes Land	Muss adäquate Größe haben		Zielerreichung sicher

Als ich zurückkam, saß Peter Brenner immer noch grübelnd über der kurzen Tabelle. „Und, wie ist es Ihnen ergangen?"

„Ich habe beim Ausfüllen verstanden, was Sie meinten. Ich baue über acht oder zehn Jahre ein System auf, das mir ans Herz wächst. Und dann kann ich einfach nicht an jemanden verkaufen, wenn die Weiterführung meiner Werte nicht gewährleistet ist. Das wäre eine direkte Entwertung meiner jahrelangen Arbeit.

Aber ich bin auf eine Idee gekommen: Das Franchisesystem könnte ja von einem meiner Franchise-Partner weiter geführt werden. Diese sind wie ein Manager im System ‚groß geworden'. Ich muss mich nicht bereits zu Beginn auf einen festlegen. Ich kann mir den Erfolgreichsten heraus picken, der den Nachweis seiner Unternehmerbefähigung erbracht hat. Und wenn er mehrere Franchisen hatte, dann kann er auch weit mehr Eigenkapital beisteuern, so dass auch die Finanzierung einfacher werden dürfte."

„Das klingt ziemlich gut", lobte ich Peter Brenner. „Und was lernen wir daraus?"

„Dass ich mich noch mehr auf den Kunden Zwei konzentrieren sollte, weil einer – oder vielleicht ein kleines Team – zum Kunden Drei werden könnte. Dass ich ein sehr gutes Verhältnis zu diesen aufbauen sollte. Und dass ich in die unternehmerische Qualifikation meiner Partner investieren sollte."

„Stimmt, und dass Sie von nun an kommunizieren sollten, dass es nichts Schöneres gibt, als ein Franchisesystem zu führen. Es muss richtig attraktiv werden. Sie beginnen sozusagen heute mit dem Verkauf Ihres Systems an den Kunden Drei. Und Sie beginnen damit, sich diesen, wie Sie selbst schon erkannt haben, heranzuziehen.

Gut, wir haben nun den Kunden Drei. Was macht es für diesen wertvoll, selbst die Franchise-Zentrale zu übernehmen? Was macht eine Franchise-Zentrale wertvoll?"

Peter Brenner dachte kurz nach: „Möglichst viele Franchise-Partner zu haben… Die Marke… Gewinne…"

„Das schadet natürlich alles nichts, aber es scheint mir, dass Sie schon wieder vom Ergebnis her denken", unterbrach ich ihn. „Wenn diese Denkweise noch ungewohnt ist, passiert das öfter.

Der Wert einer Franchise-Zentrale ergibt sich dadurch, inwiefern sie in der Lage ist, ihren Kunden, also den Franchise-Partnern ein System an die Hand zu geben, das gut getestet ist, das funktioniert und das einen einfachen und sicheren Einstieg ermöglicht. Die erforderlichen Kompetenzen müssen schnell übertragbar sein. Und dieses System muss den Kunden Ihrer Kunden, also den Endkunden, einen optimalen Wert bieten.

Weiter ergibt sich der Wert der Franchise-Zentrale über zentrale Leistungen, die den Systembetrieb beim Franchise-Partner unterstützen und vereinfachen.

Weiter – und absolut wesentlich und viel zu oft vernachlässigt – ergibt sich der Wert über die Anpassungsfähigkeit des Systems. Der Markt ändert sich. Die rechtlichen Bedingungen ändern sich, die Lieferanten, die Vertriebswege, die Marktbedingungen usw. Ihr System muss also gezielt, innovativ und geschlossen auf diese Änderungen reagieren können. Auch dazu brauchen Sie ein System: also ein System, um Systeme zu ändern.

Und in der Folge beginnt Ihre Marke zu strahlen, zieht Ihr System Kunden und neue Franchisepartner an und sprudeln schließlich auch die Gewinne. Aber die Gewinne sind nicht die Grundlage des Werts, sie sind die Folge des Werts. Obwohl Manager in Großunternehmen und Bankbeamte oft das Gegenteil glauben. Cay von Fournier, der hier im Hotel öfters Referent ist, beschrieb das einmal so: ‚Um den Gewinn zu erhöhen, werden einfach mal 10.000 Mitarbeiter entlassen: Kosten runter, Gewinne gehen rauf. Die Börse freut sich. Einige Zeit später sacken die Gewinne wieder ab. Macht nix. Entlässt man noch mal 10.000 Mitarbeiter. Blöd nur, dass es zu Beginn nur 20.000 waren'. Zusammen gefasst: ‚Wo Wert ist, fließt auch früher oder später der Gewinn, aber wo Gewinn ist, ist noch lange kein Wert.'"

„Gut, ich glaube, jetzt habe ich die wichtigsten Punkte verstanden." Peter Brenner nickte zufrieden: „Ich möchte jetzt noch mal alles für mich zusammenfassen, geht das?"

„Ja, schießen Sie los!"

„Ein Unternehmer beginnt, weil er zuvor Facharbeiter war, in der Regel auch als Facharbeiter in seinem eigenen Unternehmen. Dabei stößt er an eine Grenze. Diese kann er nur überwinden, indem er AM statt IM Unternehmen arbeitet. Dazu muss er grundlegend anders denken. Es gibt zwei Rollen, um AM Unternehmen zu arbeiten: den Manager oder Organisator und den Unternehmer oder Visionär.

Wir haben bislang die Aufgaben des Unternehmers besprochen – die Aufgaben des Managers stehen noch aus. Dann sind wir zu dem Punkt gekommen, dass es die alleinige Aufgabe eines Unternehmens ist, den Kunden einen Nutzen oder Wert zu bieten. Dann haben wir festgehalten, dass es für ein Franchisesystem drei Kunden gibt: den Endkunden, den Franchise-Partner und den Nachfolger.

Dann hatten wir einen inhaltlichen Wechsel und haben uns mit meinen Stärken, Werten und Zielen beschäftigt. Und dann – und das erscheint mir immer noch unglaublich – haben Sie mir gezeigt, dass ich das alles erreiche und leben kann, wenn ich die entsprechenden Werte für meine Kunden schaffe. Diese Werte haben wir dann grob beschrieben. Dabei blieb als Aufgabe, mich so zu positionieren, dass ich bei den gewünschten Zielgruppen auch in den Köpfen als wertvoll erscheine.

Haben wir alles?"

„Ja, ich denke, die wichtigsten Punkte haben wir. Eigentlich kommt hier manchmal noch ein Block, um eine Zusammenführung der eigenen Stärken, Werte, Ziele und der Werte für den Kunden zu erreichen, aber das ergibt sich bei Ihnen ja fast schon automatisch. Deshalb brauchen wir uns damit nicht weiter zu beschäftigen, oder was denken Sie?"

„Ja, ich habe auch das Gefühl, dass alles stimmig ist und ich meine Stärken und Werte einbringen kann, ja sogar, dass gerade dadurch dass ich das tue, der Wert für meine Kunden steigt."

Systeme schaffen

„Gut, dann können wir uns nun um die Aufgaben des Managers kümmern. Sein Job ist es, Systeme zu entwickeln, zu implementieren und zu verbessern. Es gibt eine ganze Reihe von Systemen, die Sie einrichten müssen. Einige haben Sie ja auch schon."

„Ja, zum Beispiel ist mein Franchise-Handbuch ein System", warf Peter Brenner ein.

„Ja, aber vielleicht nicht das Beste. Sonst hätten Sie weniger Probleme gehabt."

„OK, es trifft vielleicht unsere jetzige Strategie und Zielstellung nicht mehr ganz", gab Peter Brenner zu, „aber mein

Franchise-Anwalt, der das Handbuch erstellt hat, ist wirklich gut und ich habe großes Vertrauen zu ihm."

„Das verstehe ich durchaus. Ich habe z.B. auch großes Vertrauen zu meinem Fitness-Trainer. Bei gesundheitlichen Problemen würde ich trotzdem zum Arzt gehen. Der Punkt ist ganz einfach, dass ein Anwalt wirklich hervorragend im Bereich Recht ausgebildet ist, aber überhaupt nicht im Bereich der Beschreibung von Systemen in Unternehmen. Die meisten Franchise-Anwälte, die ich kenne, wollen auch gar keine Handbücher schreiben und werden von Ihren Mandanten eher bedrängt.

Ohne Ihr Handbuch gesehen zu haben, kann man davon ausgehen, dass Sie mindestens die Hälfte davon wegwerfen können. Zum einen trifft es nicht die jetzige Strategie, zum anderen ist es schon drei Jahre alt. Oder haben Sie in der Zwischenzeit etwas geändert?"

„Nein, mein Anwalt hat mir gesagt, ich brauche so ein Handbuch. Und dann habe ich es meinen Partnern übergeben. Ich hatte ja – wie Sie wissen – auch gar keine Zeit zur Überarbeitung."

„Und jetzt?"

„Jetzt sehe ich, dass mein Handbuch unsere Strategie beschreiben muss und die Abläufe, mit der wir unsere Strategie umsetzen. Und da der Unternehmer ständig neue Chancen sieht, muss der arme Manager ständig das Handbuch verändern", klagte Peter Brenner.

„Da haben Sie recht", lachte ich. „Dass Ihr Handbuch nicht mit den Realitäten verändert wurde, ist übrigens eine ganz wesentliche Ursache für das Systemflattern: Wenn Ihre Partner einmal gelernt haben, dass das Handbuch sowieso nicht die Realität beschreibt, dann stellen sie sich berechtigt die Frage, warum sie sich dann an anderen Stellen an das Handbuch halten sollen. Und dann beginnt der eine Partner hier abzuweichen und der andere dort. Und schon haben Sie ein hübsches Problem. Wenn Sie ein stringent ausgerichtetes

Franchisesystem und keinen wirren Haufen haben wollen, dann führt an der permanenten Aktualisierung kein Weg vorbei.

Sie haben also viel Arbeit vor sich, zumal, wenn Sie hören, dass Sie am besten gleich drei Handbücher benötigen: Eines, das den Betrieb eines Partnerbetriebs beschreibt, eines für den Betrieb der Zentrale und eines für die Gewinnung und Einarbeitung der Partner. Das Hanbuch für den Betrieb der Zentrale können Sie erst mal vernachlässigen, solange Sie die anderen beiden Handbücher nicht haben."

„Warum kommt die Gewinnung und Einarbeitung nicht in das normale Partner-Handbuch?"

„Weil es sich dabei um eine für jeden Partner einmalige Sache handelt, die fundiert abgearbeitet werden muss, aber nachher im Betriebshandbuch nichts mehr zu suchen hat und dieses unnötig aufblähen würde."

„Und wie gehe ich da jetzt ran? Der Berater damals wollte 50.000 Euro und die habe ich nicht."

„Zum Glück bekommen Sie auch preiswertere Berater. Ich empfehle Ihnen z.B. Herrn Vogel. Das ist meines Wissens der einzige Berater, der sich ausschließlich auf die Erstellung von Franchise-Handbüchern spezialisiert hat. Und eine Menge müssen Sie auch selbst machen. Zum Beispiel können nur Sie unsere Ergebnisse oder die Ergebnisse Ihres Positionierungs-Workshops niederschreiben. Außerdem müssen Sie Ihre Geschichten und Kenntnisse in einer Form niederschreiben, dass die Verkäufer diese auch erzählen können. Danach können Sie natürlich – falls einer Ihrer Mitarbeiter Managementfähigkeiten hat – Teile der Konzeptentwicklung zur Realisierung dieser Strategien an Ihre Mitarbeiter auslagern."

„Ich weiß gar nicht, ob ich das an Mitarbeiter auslagern will. Ich habe jetzt schon so viel Ideen, wie ich meine Zielgruppe ansprechen und ihnen eine optimale Leistung bieten kann, dass ich mich richtig darauf freue, das niederzuschreiben. Wirklich erstaunlich, was dieser neue Blick ausmachen kann.

Mit meiner Facharbeiter-Sichtweise empfand ich das als unnötig und lästig.

Aber meinen Sie, Herr Vogel könnte mich bei der Grundstruktur unterstützen?"

„Ja, ich glaube schon. Ich habe hier die Telefonnummer, dann können Sie ihn gleich anrufen."

Peter Brenner vereinbarte einen Termin unmittelbar nach dem Termin für das gemeinsame Meeting mit seinen Partnern.

„Gut, wir sind beim Thema Systeme. Sie bieten doch ein Intranet für Franchise-Systeme an. Was hat es damit auf sich?" fragte mich Peter Brenner.

„Intranet ist so nicht ganz richtig. Oder genauer: es beschreibt nur den technischen Aspekt. Darum geht es uns aber nicht. Letztlich ist die entscheidende Frage für Sie, wie Sie Ihr Franchisesystem optimal und mit möglichst geringem Aufwand steuern können. Dabei hilft Ihnen sicherlich, wenn Sie es schaffen, eine große Familie mit Ihren Partnern zu bilden. Insofern sind auch alle Maßnahmen, die dies befördern, ein System.

Das *Franchise-Cockpit* ist ein anderes System mit einem ähnlichen Zweck. Die beiden Systeme ergänzen einander und unterstützen sich gegenseitig. Ich möchte das an einigen Beispielen verdeutlichen.

Wir haben gerade über das Handbuch gesprochen. Das Handbuch zu schreiben ist nur ein kleiner Teil der Aufgabe. Da sich das Handbuch in einem beständigen Optimierungsprozess bewegt, müssen Sie das Handbuch publizieren, Ihre Partner schulen, diese müssen das Handbuch lesen..."

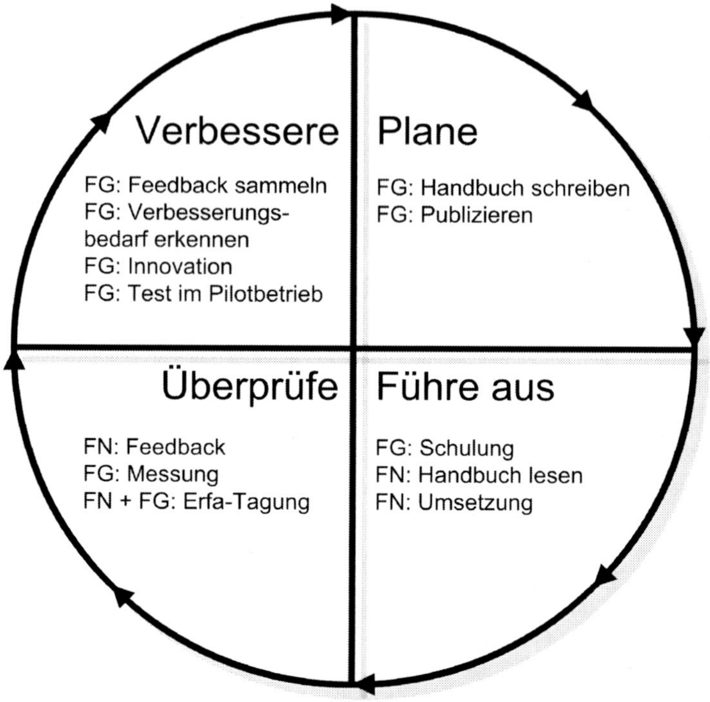

„In der Tat! Manchmal hatte ich wirklich Zweifel, ob meine Partner das Handbuch gelesen haben!", warf Peter Brenner ein.

„Gehen Sie davon aus, dass das nicht der Fall war", entgegnete ich. „Weiter müssen Ihre Partner die Prozesse umsetzen. Dann müssen Sie Feedback einholen, Ergebnisse messen, darüber sprechen, Ideen sammeln. Zum Schluss diese Ideen ausarbeiten, im Pilotbetrieb testen und wieder ins Handbuch einarbeiten. All diese Tätigkeiten sind bislang sehr aufwändig und dabei kann das Franchise-Cockpit Sie entlasten und sogar Ihr System wesentlich verbessern. Einige Beispiele:

Beim Schreiben des Handbuchs nutzen Sie traditionell MS-Word. Eine Person kann am Text schreiben. Bei Ihnen sollte aber mindestens der Autor in der Systemzentrale, der Rechtsanwalt, ein Handbuchberater und gegebenenfalls sogar ein Partner aus dem Pilotbetrieb am Handbuch schreiben können. Traditionell verschicken Sie dann Ihr Word-Dokument per Email und wenn der Empfänger gerade drei Wochen Urlaub hat, drehen alle anderen Däumchen. Im Franchise-Cockpit können alle gleichzeitig daran schreiben. Sie sind also um Längen schneller.

Und Sie sagten schon, dass Ihre Franchisepartner Ihr Handbuch bislang nicht gelesen haben. Das lag sicher zum Teil am Inhalt. Aber stellen Sie sich mal vor, ob Ihre Partner das Handbuch noch lesen, wenn Sie Ihnen einmal im halben Jahr eine komplett neue Ausgabe schicken?"

„Nein, es hat sich ja immer nur ein bisschen geändert und der liest doch nicht noch mal das ganze Handbuch."

„Genau! Deswegen gab es bislang Loseblatt-Sammlungen. Der Partner bekam nur die geänderten Blätter zugesandt – die er aber in der Regel nicht einsortiert hat. Im Franchise-Cockpit können sich die Partner die Änderungen direkt anzeigen lassen.

Oder ein weiterer Punkt. Wenn Sie jetzt Feedback von Ihren Partnern bekamen, wie lief das ab?"

„Die haben sich an mich, an einen der beiden Partnerbetreuer oder an die Sekretärin in der Zentrale gewandt und gesagt, was sie auf dem Herzen haben. Wieso?"

„Könnten Sie all das, was Ihre Partner im letzten halben Jahr an Ideen, Anregungen oder Kritik hatten, auflisten?"

„Kaum. Ich müsste ja erst mal die beiden Partner-Manager befragen. Und die Sekretärin. Der, dem ich gekündigt habe, wird mir sicher nichts mehr sagen. Die anderen beiden können sich vermutlich nur noch an wenig erinnern. Also nein, könnte ich nicht."

„Dann könnten Sie diese Ideen und die Lösung der kritisierten Zustände auch nicht ins Handbuch übertragen. Und Ihre Partner werden unzufrieden, weil die Anregungen und

Ideen untergehen und auf ihre Kritik niemand sichtbar reagiert. Im Franchise-Cockpit hingegen werden diese Ideen permanent gesammelt und gleich inhaltlich an der richtigen Stelle abgespeichert. So haben Sie bei der Handbuch-Überarbeitung alle Hinweise zur Hand. Auch dann wenn ein Mitarbeiter nicht mehr da ist.

Ich habe jetzt den Bereich des Handbuchs geschildert. Natürlich gibt es auch andere Bereiche, die Sie unterstützen. So können Sie News oder Dateien mit Vorlagen einfach publizieren und damit eine größere Systemkonformität gewährleisten. Und Ihre Partner-Manager von diesen Standardaufgaben entlasten, so dass diese sich vorwiegend um die wirklich wichtigen Probleme kümmern können.

Wir arbeiten dabei auch mit Partnern zusammen, die zum Beispeil Druck und Logistik im Bereich Printmaterial übernehmen. Wenn Sie bisher einen Werbeflyer gemacht haben, wie sind Sie dabei vorgegangen?"

„Wir haben den Flyer in der Zentrale konzipiert – die zwei Male, wo Partner das selbst gemacht haben, sahen die Flyer schrecklich aus. Dann haben wir versucht, aus den Partnern die benötigten Mengen heraus zu bekommen. Bis wir die alle zusammen hatten, war schon einiges an Zeit vergangen. Dann ging's in die Druckerei und von dort zurück zu uns. Dann haben wir die Flyer an unsere Partner verschickt und bei Reklamationen – einmal war die Adresse des Partners falsch eingedruckt, ging's den anderen Weg zurück und wir haben uns über die Kosten gestritten. Also wenn Sie mich so fragen: unerfreulich und aufwändig."

„Unser Partner bietet z.B. eine Komponente im Franchise-Cockpit, wo Sie lediglich die Vorlage hinterlegen müssen. Ihre Partner können dann selbst die Mengen und Ihre Kontaktdaten eingeben und bekommen auch die Lieferung direkt. Sie haben also nur noch mit der Erstellung der Vorlagen zu tun.

Das Franchise-Cockpit wird so permanent weiter entwickelt. Wir integrieren auch zukünftig Partneranwendungen. Und so wird es zunehmend zu dem Steuerungsinstrument für Franchisesysteme schlechthin."

„Ja, das ist schon schön und ich sehe auch, dass uns das immens unterstützen würde – gerade jetzt, wo ich in der Zentrale noch einen Mitarbeiter weniger habe und selbst auch andere Aufgaben übernehmen werde. Aber das ist doch sicher eine Menge Arbeit, bis man das nutzen kann und sehr teuer?"

„Wenn Sie heute beschließen, damit anzufangen, können Sie morgen loslegen. Und fänden Sie einen niedrigen dreistelligen Betrag pro Monat – plus gegebenenfalls noch etwas mehr für zusätzliche Beratung – für diese Leistungen zu teuer?", fragte ich Peter Brenner.

Langsam schüttelte er den Kopf: „Wie bekommen Sie das zu diesem Preis hin? Ein Intranet allein kostet doch – ich habe mir mal ein Angebot erstellen lassen – schon einen deutlich fünfstelligen Betrag."

„Das ist einfach und schließt auch den Bogen, den wir jetzt gespannt haben: Über Standardisierung und die Schaffung von Systemen. Schauen Sie, ich habe jetzt 25 Jahre mit Softwareentwicklung zu tun: In den 80er Jahren haben sich Unternehmen auch ihre Buchhaltungssoftware und zum Teil sogar ihre Textverarbeitung individuell programmieren lassen. Und dann hatten sie einige Jahre später riesigen Ärger, damit auf Standardlösungen zu wechseln. Beim Intranet ist's nicht anders. Sich das selbst – z.B. auf Basis eines Content-Management-Systems – entwickeln zu lassen, ist aufwändig, teuer und kurzsichtig.

Sie sollten nie Systeme erfinden, wenn es schon welche gibt – einzige Ausnahme: Ihr Kernprozess der Leistungserbringung: Da müssen Sie sich unterscheiden. Aber machen wir mit den Systemen weiter.

Ich denke, Sie brauchen vorerst noch zwei weitere wesentliche Systeme. Zum einen ein Schulungssystem zur Einführung und Fortbildung der Partner. Zum anderen eine Art Mentorensystem um einen quasi familiären Zusammenhalt zu erreichen. Für beide Fälle kann ich Ihnen keine Spezialisten nennen – es ist mir nicht bekannt, dass es welche gäbe."

„Für das Schulungssystem habe ich jemand in meinem Bekanntenkreis, der mir bestimmt behilflich sein kann. Und das Mentorensystem ist vermutlich nicht so kompliziert. Das bekomme ich schon hin."

„Bei allen weiteren Systemen – und es werden eine ganze Menge werden, sollten Sie in folgender Reihenfolge vorgehen. Erstellen Sie eine Liste mit allen möglichen Systemen, die Sie einführen könnten. Dann wählen Sie zuerst die Systeme aus, die Ihnen Platz und zeitlichen Raum bringen – verschaffen Sie sich Luft zum Atmen. Sie brauchen bei einem Franchisesystem Ihrer Größenordnung meines Erachtens ein Minimum von vier Stunden pro Tag. Sie brauchen Freiraum, um nachdenken zu können. Aber das wissen Sie ja jetzt.

Dann setzen Sie sich ein sehr niedriges Mindestziel für Ihre Rendite. Solange Sie unter diesem Ziel sind, setzen Sie Systeme um, die Ihre Rendite verbessern. Sind Sie darüber, dann denken Sie darüber nach, mit welchen Systemen Sie Ihre Werte verankern können. Zum Beispiel in einer Familie wird Gemeinsamkeit durch das Ritual des gemeinsamen Abendessens und des gemeinsamen Urlaubs hergestellt. Welche Systeme können Sie einführen?

Hier im Schindlerhof gibt es eine Unmenge solcher Systeme, mit denen sicher gestellt ist, dass ein neuer Mitarbeiter angemessen mit Blumenstrauß und Sekt begrüßt wird, dass er ein Geburtstagsgeschenk erhält usw. Kopieren Sie, soviel Sie können!

Zusammen gefasst: Die Reihenfolge zur Einführung der Systeme ist genau dieselbe wie unsere Reihenfolge beim Coaching. Zuerst Platz schaffen, dann Existenz sichern und dann Werte verwirklichen."

Die Umsetzung

„Gut, Herr Brenner, wie fühlen Sie sich jetzt?“

„Wenn ich meine jetzige Stimmung mit meinem Zustand vor einer Woche vergleiche, so ist das ein Unterschied wie Tag und Nacht! Danke! Ich weiß nun, was ich will, habe klare Werte für mich und den ‚Weinkenner‘, habe eine Strategie und einige Aufgaben vor mir: vor allem noch die klare Positionierung und das Schaffen und Dokumentieren von Systemen. Und – am nächsten Sonntag das Meeting mit meinen Partnern. Davor graut es mir allerdings etwas. Wie haben Sie es so schön gesagt: der Unternehmer ist der mit den Chancen und den zurückbleibenden Füßen. Ich habe schon etwas Angst, ausgebremst zu werden. Und mit den vier Problem-Partnern habe ich auch noch keine Lösung.

Und wenn ich daran denke, habe ich Angst, dann doch wieder vom Alltag eingeholt zu werden. Was kann ich da tun?“

„Nun, der Reihe nach. Fangen wir mit den vier Problem-Partnern an. Ihr Anwalt arbeitet daran. Und einer dieser Partner hat doch den preiswerten Wein ins Angebot genommen. Und es war doch dokumentiert, dass der ‚Weinkenner‘ nur Qualitätsweine verkauft. Richtig?“

Peter Brenner nickte.

„Damit hat er sich nicht an Ihr System gehalten und Sie sollten zumindest zum Teil aus der Haftung heraus sein. Passen die anderer drei Problempartner in die von uns definierte Zielgruppe für den Kunden Zwei?“

„Nein“.

„Dann sollten Sie sie nicht halten. Vermutlich dürfte die beste Variante sein, diese in einem Vergleich aus dem System zu entlassen. Das weiß Ihr Anwalt sicher besser als ich.“

„Aber ich kann die doch gar nicht auszahlen!“

„Deshalb sollten Sie den Vergleich regeln, solange noch alle glauben, dass Sie am Ende sind. Das wird günstiger für Sie" bemerkte ich. „Und vermutlich ist das nur eine Frage der Zwischenfinanzierung. Schauen Sie, ein großer Teil der Kosten für den Partner waren ja vermutlich Einrichtung usw. Damit kann niemand was anfangen – außer Ihnen und Ihren zukünftigen Partnern. Wenn Sie über Ihr Steuerbüro eine Zwischenfinanzierung hinbekämen, könnten Sie sich einen großen Teil eines Vergleichsbetrags sozusagen von Ihren zukünftigen Partnern bezahlen lassen – und dafür vielleicht auf einen Teil der Eintrittsgebühr verzichten. Vielleicht schaffen Sie es sogar, die Zwischenfinanzierung dadurch zu minimieren, dass Sie mit Ihren Ex-Partnern langfristige Ratenzahlungen vereinbaren – dann könnten Sie die Ex-Partner aus den Eintrittsgebühren zukünftiger Partner bezahlen.

Gut, aber das sind nur ein paar Ideen. Morgen bekommen Sie Infos von Ihrem Anwalt. Setzen Sie sich gegebenenfalls noch mal zu dritt mit einem Berater Ihrer Steuerkanzlei zusammen."

Peter Brenner nickte. Erst langsam und dann schneller. Man spürte allein beim Zuschauen, wie im die Last von den Schultern fiel.

„So, Herr Brenner, nächster Punkt. Wenn Sie sich mit diesen vier Partnern geeinigt haben, sind Ihre extremen Gegner vermutlich schon nicht mehr auf dem Meeting anwesend. Bleiben elf Partner und Ihre Frau. Versuchen Sie die drei erfolgreichen Partner im Vorfeld auf Ihre Seite zu bringen. Schildern Sie Ihnen, was wir besprochen haben. Versuchen Sie vielleicht den einen oder anderen zum Positionierungs-Workshop mitzunehmen. Sie brauchen dafür die Erfahrung Ihrer Partner. Wenn Ihnen das gelingt, dann haben Sie bei Ihrem Meeting fünf klare Befürworter und acht indifferente Teilnehmer. Das sollte klappen. Vereinbaren Sie gegebenenfalls eine freiwillige Übergangsphase zu dem neuen Konzept – dann gibt es keinen Grund für Widerstand. Und wenn Sie dann mit dem neuen Konzept erfolgreich sind, dann laufen Ihnen die anderen sowieso hinterher."

„Das klingt immer so einfach bei Ihnen", schüttelte Peter Brenner den Kopf.

„Das stimmt schon. Wenn man die Schwierigkeiten nicht selbst hat, erscheint einem alles viel einfacher. Und dann klingt es auch so. Hoffe ich zumindest.

Das bringt uns auch zum letzten Punkt. Sie sagten, Sie hätten Angst im Alltagsgeschäft wieder in den alten Trott zurück zu fallen. Das ist berechtigt. Über den Fallback in Krisensituationen hatten wir ja schon geredet. Das Geheimnis ist auch hier dasselbe wie bei allen anderen Punkten, über die wir in den letzten beiden Tagen geredet haben. Es geht nicht darum, IM System zu arbeiten, sondern AM System. Sie benötigen also gewissermaßen ein System, das Sie unterstützt und notfalls zwingt, diese neuen Aufgaben des Managers und Unternehmers auszuführen. Ein Unternehmer-System sozusagen" ergänzte ich.

„Gibt es denn so etwas?", fragte Peter Brenner neugierig.

„In dieser Form als Unternehmer-System nicht – noch nicht! Aber es gibt ganz gute Methoden, die hilfreich sein können. Die effektivste Methode haben Sie kürzlich schon mal angewandt."

Fragend schaute mich Peter Brenner an.

„Nun, das Wichtigste ist Ihnen Ihre Frau. Ich nehme an, dass Sie zumindest einigermaßen gut vor Ihr dastehen möchten. Verpflichten Sie sich Ihr gegenüber täglich eineinhalb Stunden die Aufgaben des Unternehmers wahrzunehmen und zweieinhalb Stunden die Aufgaben des Managers. Und verpflichten Sie sich dazu, dass Sie diese Zeit in einem halben Jahr und dann nochmals in einem Jahr erhöhen. Denken Sie sich eine heftige Strafe aus, wenn Sie einmal dagegen verstoßen. Es muss richtig wehtun und gegenüber Ihrer Frau peinlich sein! Und denken Sie sich eine ganze Reihe von Belohnungen aus, die Sie nach einer Woche, einem Monat, einem Quartal usw. bekommen, wenn Sie Ihre Verpflichtung einhalten."

„Hmm". Peter Brenner wirkte wenig begeistert. „Sie hatten doch noch von anderen Methoden gesprochen. Was sind das für Methoden?"

„Beschäftigen Sie einen Unternehmer-Coach, der Sie herausfordert und kontrolliert" antwortete ich. „Aber Achtung: Mit einem normalen Führungskräfte-Coach können Sie nichts anfangen, da dieser überhaupt nicht auf die Spezifika eines Unternehmers eingehen kann."

„Mal sehen, vielleicht komme ich darauf zurück", erwiderte Peter Brenner lachend, als wir aufstanden und den Schindlerhof verließen.

„Wissen Sie, warum wir hier in diesem Hotel waren?", fragte ich ihn.

„Sie wollten mir ein perfektes Unternehmen zeigen?"

„Auch, aber es gab noch einen anderen, wichtigeren Grund. Ihre Gedanken hängen von Ihren Stimmungen ab. Wenn Sie in schlechter Stimmung sind, werden Sie kaum gute Gedanken entwickeln. Und umgekehrt! Wenn Sie also grundsätzlich Ihr Leben oder Ihr Unternehmen neu strukturieren möchten, dann sorgen Sie dafür, dass Sie in bester Stimmung sind, bevor Sie den ersten Gedanken fassen. Und die Umgebung, in der wir uns bewegen, wirkt sich immer in gewisser Weise auf unsere Stimmung aus. Natürlich können wir beschließen, dass wir auch in unangenehmer Umgebung eine gute Stimmung haben wollen, aber das kostet Energie. Und die steht wiederum nicht mehr zum Denken zur Verfügung.

Glauben Sie, dass wir in einem dunklen, muffigen Hotel oder in Ihrem Büro ähnliche Gedanken hätten entwickeln können?"

„Vermutlich nein", schüttelte Peter Brenner nachdenklich den Kopf. „Eine Frage habe ich aber noch: Hätte ich etwas grundsätzlich anders machen können, um überhaupt nicht in diese Situation zu kommen?"

„Ja, selbstverständlich!“ entgegnete ich. „Aber die Antwort können Sie sich sicher jetzt auch selbst geben.“

„Sie meinen, ich hätte von Beginn an die Aufgaben des Unternehmers und des Managers übernehmen müssen?“

„Ja, und Sie hätten – nachdem die Strategie klar war – zuerst die Strukturen schaffen müssen, die Sie für eine Größe von 25 Partnern benötigen. Und erst dann die Strukturen mit den Partnern auffüllen.“

Epilog

Zuletzt rief mich Peter Brenner Anfang Januar 2006 an, um sich für alles zu bedanken und mir ein schönes neues Jahr zu wünschen. Dabei berichtete er, dass der entscheidende Durchbruch bereits auf dem Positionierungsworkshop kam. Nachdem die Zielgruppe sozial besser gestellte Frauen und das Produkt Qualitätsabend klar war, konnten sich die Workshop-Teilnehmer die Situation bildlich ausmalen. Als sie sich vorstellten, wie eine etwas besser gekleidete Dame einen verstaubten Sechser-Weinkarton vor der Brust zum Auto schleppen sollte, kam die Lösung fast alleine.

Sie entwickelten die Idee einer Vierer-Pfand-Kiste für Wein. Diese hatte einen handfreundlichen Griff und ein Design, das in Form und Farbe für Top-Qualität und Genuss stand und für Frauen ansprechend und modisch aussah. Die Kiste sollte bereits beim Transport zum Auto als kostenloser Werbeträger wirken und potenzielle Interessentinnen unmittelbar ansprechen und dabei intuitiv den Wert und Nutzen vermitteln. Wenn möglich sollte die Kiste bei den Kundinnen sogar offen in der Wohnung herumstehen und auch dort werben. Schließlich beschlossen sie, das Pfand mit sechs Euro recht hoch anzusetzen, um die Motivation für Folgebesuche und damit Folgekäufe zu steigern.

Die beiden am Workshop teilnehmenden weiblichen Partnerinnen waren sofort Feuer und Flamme.

Nachdem Peter Brenner durch das Coaching eine klare Vorstellung vom Wert eines Produkts bekommen hatte, wurde ihm bewusst, dass diese kreative Lösung alleine schon – in den richtigen Händen – einen Wert von mehreren Millionen besaß: Schließlich war sie der Schlüssel für einen neuen Markt. Nun setzte er alles auf eine Karte und meldete mit den letzten freien finanziellen Mitteln die Vierer-Pfand-Kiste für Wein zum Patent an.

Mit diesem Patent in der Hand machte sich Peter Brenner auf den Weg zu seinen Lieferanten und wurde bei einem französischen Großlieferanten schnell fündig. Dieser war vom Konzept sofort überzeugt und erwarb für einen mittleren sechsstelligen Betrag (zum Teil als Stille Beteiligung) und eine niedrige Umsatzprovision die französische Master-Franchise.

Da Peter Brenner sowieso nicht vorhatte, den ‚Weinkenner' ins Ausland auszudehnen, war dies geschenktes Geld. Peter Brenner hatte das Konzept, dass der Wert des Produkts nichts, aber auch gar nichts mit dem Aufwand zu seiner Erstellung zu tun hat, nun voll verstanden und angewandt.

Das Schönste dabei war, aber das wussten zu diesem Zeitpunkt nur Peter Brenner und ich, dass er damit bereits seinen zahlungskräftigen Kunden Drei geschaffen hatte.

Von den vier Problem-Partnern konnte er sich trennen, auch wenn ihn die Vergleichsbeträge empfindlich trafen.

Auch der dritte erfolgreiche Partner war sofort begeistert. Von den anderen konnten auf dem Meeting fünf weitere für das neue Konzept gewonnen werden, so dass nur drei Partner lustlos blieben. Und diese hatten weder Macht noch Energie für Störmanöver. Unmittelbar nach dem Partner-Meeting wurde das Franchise-Cockpit frei geschaltet und bis Ende September das Handbuch komplett überarbeitet.

Mit dem neuen Konzept konnten schon bis Ende des Jahres vier weitere Partner zu den erfolgreichen Partnern gezählt und fünf neue Partner gewonnen werden.

Aber am wichtigsten war für Peter Brenner, dass sein Verhältnis zu seiner Frau wieder hervorragend war und diese zudem zur begeisterten Franchise-Partnerin wurde. Und es hatte sich gerade dadurch, dass sie alle gemeinsam die Krise gemeistert hatten, ein Zugehörigkeitsgefühl und eine ‚Weinkenner'-Familie entwickelt.

Danksagung

Kein Buch – auch nicht so ein kleines wie dieses – ist das Werk einzelner Personen. Deshalb möchte ich mich hier bei vielen wichtigen Menschen, die dieses Buch befördert haben, bedanken. Voran bei Michael Gerber, den ich leider nicht persönlich kenne, und bei Wolfgang Mewes und Bodo Schäfer für den theoretischen Hintergrund. Dann bei dem exzellenten Positionierungsberater Peter Sawtschenko – den ich jedem Unternehmer wärmstens ans Herz legen kann – der mich auf die Idee zu diesem Booklet gebracht hat. Und natürlich bedanke ich mich bei meinem persönlichen Coach Olaf Hartke. Darüber hinaus möchte ich, auch wenn ich ihn nicht persönlich kenne, Klaus Kobjoll für sein Bild eines idealen Unternehmens danken, das er im Schindlerhof verwirklicht hat.

Einen wesentlichen Beitrag leisteten alle Mitarbeiter von SI Projects, indem sie viele Gespräche mit Franchiseunternehmern führten und mit ihren Ideen zu diesem Buch beitrugen. Besonders bedanken möchte ich mich bei Elfie Rembold für Redaktion und bei Anja Frey für Redaktion, Feedback und Layout. Außerdem gebührt mein Dank Martin Hensche und Krista Boll, die beide gerade ein Franchisesystem bzw. ein franchise-ähnliches System aufbauen und mir mit Hinweisen weiter halfen, was praktisch nützlich und umsetzbar ist.

Entscheidend waren auch viele Gespräche mit Franchise-Experten. Hier möchte ich vor allem Hans Vogel, Günter Reimers, Dr. Fröhlich, Herrn Brodersen, Herrn Wingral und Herrn Schute hervorheben.

Nicht zuletzt flossen auch die Fragen und Erfahrungen der Kunden von SI Projects, der Teilnehmer meiner Seminare und Experten-Chats bei www.franchise-portal.de sowie der Unternehmer, die ich coache mit ein. Diese sorgten vor allem dafür, dass das Booklet trotz notwendigen theoretischen Passagen praxisnah und auf das Wesentliche beschränkt blieb.

SI Projects GmbH

Die SI Projects GmbH hat sich darauf spezialisiert, Franchiseunternehmern über die magische Hürde von 25 Franchisepartnern zu helfen. Hierfür bieten wir Beratung, Coaching und die Schaffung von (Software-)Systemen für das ‚perfekte Franchisesystem' an.

Das zentrale System ist das *Franchise-Cockpit*, eine Standardsoftware, die wichtige Prozesse und Abläufe zwischen Franchisenehmer und Franchisegeber strukturiert und vereinfacht. Das Franchise-Cockpit ist Nachfolger und Erweiterung des bekannten franchise-intranet.de.

In anderen Bereichen wie den Themen Franchise-Vertrag, Handbuch-Erstellung, Finanzierung oder Gewinnung von Partnern arbeiten wir mit den wichtigsten deutschen Experten zusammen.

Besuchen Sie uns auf www.franchise-cockpit.de und www.si-projects.com.

Literatur

Covey, Stephen R.: Die sieben Wege zur Effektivität, München 2003

Drucker, Peter: Management im 21. Jahrhundert, München 2003

Friedrich, Kerstin: Das neue 1 x 1 der Erfolgsstrategie, Offenbach 2003

Gerber, Michael: Das Geheimnis erfolgreicher Firmen – Warum die meisten kleinen und mittleren Unternehmen nicht funktionieren und was Sie dagegen tun können, Obersiebenbrunn 2002

Goldratt, Eliyahu: Das Ziel - Teil II, Frankfurt/Main 2003

Häusel, Hans-Georg: Brain Script, München 2005

Kobjoll, Klaus: Motivaction, Frankfurt/Main 2004

Love, John F.: Die McDonald's Story – Anatomie eines Welterfolgs, München 2001

Robbins, Anthony: Das Robbins Power-Prinzip, Berlin 2004

Sawtschenko, Peter: Positionierung – Das erfolgreichste Marketing auf unserem Planeten, Offenbach 2005

Schäfer, Bodo: Endlich mehr verdienen – 20 Prozent mehr Einkommen in einem Jahr, Hamburg 2002

Schmidt, Josef: Unternehmer sein mit Körper, Geist und Seele, Weißenstadt 2004

Die hier vorgestellte Literaturliste umfasst ausschließlich Grundlagenwerke, die nach meiner Einschätzung für jeden Unternehmer Pflichtlektüre sind.

Diese und weitere Literatur-Tipps für Unternehmer sowie einen Newsletter finden Sie auch auf meiner Internet-Website www.unternehmercoach.com.

Adressen

Verbände

Deutscher Franchise Verband e.V.
Luisenstr. 41
D-10117 Berlin
Tel.: +49 (0)30/ 278 902-0
http://www.dfv-franchise.com

Franchise-Unternehmensberater

pro image Strategie & Franchising
Taterberg 8
D-25548 Rosdorf
Tel.: +49 (0)4822/1477
http://www.pro-image-franchising.de

Franchising Consultants Group
Pionierstrasse 11
D-40215 Düsseldorf
Tel.: +49 (0)211/6028980
http://www.franchising-consultants.de

Wingral & Partner
Marienthaler Str. 17
D-24340 Ostseebad Eckernförde
Tel.: +49 (0)4351/735178
http://www.wingral.de

Betriebsberatung Werry & Partner
Brückenstraße 19
D-59065 Hamm
Tel.: +49 (0)23 81/95 59 50
http://www.betriebsberatung.de

Positionierung

Sawtschenko Werbeagentur für Marktnischen- & Positionierungsstrategien
Industriestr. 15
D-64380 Rossdorf
Tel.: +49 (0)6154/9033
http://www.sawtschenko.de

Partner-Gewinnung

Deutscher Franchising Service e.G.
Am Borsigturm 48
D-13507 Berlin
Tel.: +49 (0)30 / 3398 4460
http://www.dfs-franchising.de

Handbücher

Dipl.-Wirt.Ing.(FH) Hans Vogel
strategie & management
Jahnstrasse 51
D-86633 Neuburg a.D.
Tel.: +49 (0)8431/64 59 66
http://www.franchisehandbuch.de

Unternehmer-Coaches

Stefan Merath – Unternehmercoach
Cherusker Str. 5
D-10829 Berlin
Tel.: +49 (0)30/7895949-0
http://www.unternehmercoach.com

Olaf Hartke Coaching & Consulting
Schillerstr. 63b
D-33609 Bielefeld
Tel.: +49 (0)521/56 011 78
http://www.erfolgsschritte.de

Rechtsanwälte

Meyer-Köring v. Danwitz Privat
Dr. Patrick Giesler
Oxfordstrasse 21
D-53111 Bonn
Tel.: +49 (0)228/726360
http://www.mkvdp.de/

LEGITAS Heintze
Curienstrasse 2
Beraterhaus am Domplatz
D-20095 Hamburg
Tel.: +49 (0)40/ 3252 8530
http://www.legitas.de/heintze

Nörr Stiefenhofer Lutz Rechtsanwälte
Dr. Karsten Metzlaff
Charlottenstr. 57
D-10117 Berlin
Tel.: +49 (0)30/20 94-2067
http://www.noerr.com

Thomas Doeser Anwaltskanzlei
Robert-Gradmann-Weg 1
D-72076 Tübingen
Tel.: +49 (0)7071-600630
tdoeser@t-online.de

Weitere Spezialisten

Druckerei für Franchisesysteme

gronenberg gmbH + co. Kg
Albert Einstein Str. 10
D-51674 Wiehl
Tel.: +49 (0)2261/9683-0
http://www.gronenberg.de

Spezialist für Franchise-Versicherungen

Graf Brühl Versicherungsmakler GmbH
Ute Bock
Freiherr vom Stein Str. 15
D-60323 Frankfurt/Main
Tel.: +49 (0)69/1 700 700
http://www.grafbruehl.de/

Sonstiges

Schindlerhof
Steinacher Straße 6-8
D-90427 Nürnberg
Telefon: +49 (0)911/93 02-0
Telefax: +49 (0)911/93 02-620
http://www.schindlerhof.de
hotel@schindlerhof.de

Kommunikations-Software/Franchise-Cockpit

SI Projects GmbH
Zossener Str. 55-58
D-10961 Berlin
Tel.: +49 (0)30/7895949-0
http://www.si-projects.com
http://www.franchise-cockpit.de

Weitere Experten finden Sie auf den Webseiten des Deutschen Franchise Verbands oder auch beim Franchise-Portal, www.franchise-portal.de oder bei Franchise-Net, www.franchise-net.de.